Eckhard Jedicke

Kleingewässer

Teiche, Tümpel, Weiher

Otto Maier Ravensburg

Der Autor: Eckhard Jedicke, Jahrgang 1962, Diplomgeograph, mehrfacher Preisträger bei „Jugend forscht" und „Reporter der Wissenschaft", freiberuflicher Journalist mit den Schwerpunkt-themen „Umwelt" und „Naturschutz", engagierter Naturschützer, Autor von Zeitschriftenbeiträgen und Büchern.

CIP-Titelaufnahme der Deutschen Bibliothek

Jedicke, Eckhard:
Kleingewässer: Teiche, Tümpel, Weiher / Eckhard Jedicke. – Ravensburg: Maier, 1988
(Natur erleben)
ISBN 3-473-46095-8

© 1988 Ravensburger Buchverlag Otto Maier GmbH
Alle Rechte vorbehalten
Umschlaggestaltung: Ekkehard Drechsel
Umschlagfotos: Eckhard Jedicke
Zeichnungen: Fred Butzke (Bild-Kunst Nr. 30 73 78)
Satz: Fotosatz Ruderer, Gullen
Gesamtherstellung: Himmer, Augsburg
Printed in Germany

92 91 90 89 88   5 4 3 2 1

ISBN 3-473-46095-8

Inhalt

Begraben unter Schutt und Erde: Kleingewässer sind bedroht

Kleingewässer sind für Kinder und Jugendliche genauso wie für Erwachsene ein lohnendes Exkursionsziel. Ob man sich für kleine Wirbellose, für Amphibien, Vögel, Wasserpflanzen oder die gesamte Lebewelt interessiert – für jeden gibt es immer wieder Neues zu entdecken.

Das liebste Ziel in meinen frühen Kindheitstagen war ein kleiner Teich in einem verwachsenen früheren Schloßpark, keine 150 m von meinem Elternhaus entfernt. Hier entdeckte ich Berg- und Teichmolche, beobachtete die Wasserläufer und Gelbrandkäfer, sah die Schlankjungfern und fischte Libellenlarven aus dem Wasser, die für ein paar Tage im heimischen Garten in einer alten Blechwanne Quartier beziehen mußten.

Begraben unter Schutt und Erde

Schon ein Jahr später war die Idylle zerstört: Bagger und Raupen rückten an, um den „verwilderten" Schloßpark in einen
langweiligen Kurpark zu verwandeln. Im Nu war der Teich
unter den Erdmassen verschwunden – ein „unordentliches
Dreckloch" hatte in der aufstrebenden Kurstadt nichts zu
suchen. Fort war von heute auf morgen der Lebensraum all
der Tiere und Pflanzen, die ich in vielen Stunden der Beobachtung kennengelernt und in mein Herz geschlossen hatte.
Kein Einzelfall, sondern das Schicksal ungezählter Kleingewässer. Zwischen 50 und 90 % der Teiche, Tümpel, Weiher
und Altwasser verschwanden in den letzten Jahrzehnten
spurlos. Der Landwirtschaft, dem Straßenbau, der Bebauung
oder einfach einem übertriebenen „Ordnungssinn" im Weg,
wurden sie stillschweigend unter Schutt und Erde begraben.
Die übriggebliebenen sind häufig mehr oder weniger stark
geschädigt durch
– Ablagerung von Müll,
– Absenkung des Grundwassers,
– Eintrag giftiger Stoffe,

Als Deponien für Erde und Bauschutt zum Tode verurteilt: Viele
Kleingewässer sterben von der
Öffentlichkeit unbemerkt und
meist ohne Genehmigung.

Begraben unter Schutt und Erde

Schaumkronen beweisen: Dieser Teich ist durch Abwässer oder durch eingeschwemmte Düngemittel aus der Landwirtschaft überdüngt.

– Beseitigung der typischen Ufer- und Verlandungszonen für Siedlungs- und Erholungszwecke,
– übermäßigen Nährstoffeintrag durch Abwässer und Düngung unmittelbar an die Gewässer grenzender Nutzflächen.

Dies sind nur wenige jener Faktoren, die zu einer schleichenden Zerstörung der noch verbliebenen Kleingewässer in unserer Landschaft führen. Mit diesen Lebensräumen sind eine Vielzahl von spezialisierten Tier- und Pflanzenarten akut bedroht, die auf Feuchtgebiete angewiesen sind: Fische, Amphibien, Reptilien, Sumpf- und Wasservögel, Insekten, Muscheln, Schnecken, Kleinkrebse, Würmer, Arten der Röhricht-, Laichkraut- und Schwimmblatt-Gesellschaften. Ihr Bestandsrückgang ist eng gekoppelt an das Verschwinden weiterer Kleingewässer, das auch heute trotz eines stärkeren Umweltbewußtseins noch immer nicht aufgehalten ist.

Wenn man inzwischen nach Kleingewässern suchen muß, so liegt das im naturzerstörenden Wirken des Menschen begründet. Ursprünglich kamen Kleingewässer fast überall vor:

Begraben unter Schutt und Erde

in abflußlosen Senken jeglicher Größe, in denen das Niederschlagswasser zusammenfließt, an quelligen Orten, in Bach-
und Flußtälern mit natürlichen Staustufen, in von Fließgewässern abgeschnittenen Altarmen, am Rande abtauenden
Gletschereises, im Moor usw. Nicht zu vergessen die Gewässer, die durch menschliches Tun entstanden: Baggerteiche
und -seen, die Dorf- und Feuerlöschteiche, Fischteiche, Tümpel in Sand- und Tongruben, wassergefüllte Wagenspuren
und viele andere. Ihr Hauptkennzeichen ist der starke Einfluß
des Menschen, der sich negativ, aber auch positiv auf die dort
lebenden Arten auswirken kann.
Kleingewässer bieten, ökologisch betrachtet, ganz unterschiedliche Lebensbedingungen. Gerade das macht ihre Beobachtung und Untersuchung so reizvoll; dieses Buch soll
dazu eine Anleitung sein. Obwohl oder gerade weil dieser
Kleinlebensraum stark bedroht ist, lohnt sich das Kennenler-
nen der typischen Lebensgemeinschaften – um so vielleicht
das Rüstzeug zu erhalten, das notwendig ist, um sich für den
Schutz und auch die richtige Neuanlage kleiner Gewässer
einsetzen zu können.

Ausgedehnte Niederungsgebiete
mit einem bunten Mosaik
stehender Kleingewässer,
Schwimmblattpflanzen-Gesellschaften und nassen Seggen-
wiesen besitzen heute höchste
Schutzwürdigkeit.

Teich
ist nicht gleich Tümpel

Kleingewässer besitzen viele Namen: Es gibt Weiher, Teiche, Tümpel, Altwasser, Seen, Baggerseen, wassergefüllte Wagenspuren, Hochmoorweiher, verlandende Torfstiche und viele andere mehr. Verallgemeinernd kann man 4 Gewässertypen unterscheiden – jeweils eine kurze Definition vorweg:

Weiher sind flache, natürlich entstandene und seeähnliche Gewässer, die das ganze Jahr über Wasser führen, unabhängig von ihrer Größe. Entscheidend ist ihre kaum über 2 m hinabreichende Tiefe.

Teiche entstanden durch Menschenhand: Fischteiche ebenso wie Naturschutzteiche, Dorfteiche, Klärteiche und Zierteiche. Sie trocknen im Regelfall durch natürliche Einflüsse nicht aus.

Tümpel dagegen büßen ihr Wasser ein- oder mehrmals im Jahr durch Verdunstung ganz ein. Sie sind nur periodisch vorhandene Gewässer, unabhängig von ihrer natürlichen oder künstlichen Entstehung.

Kleinseen stehen den Weihern nahe, weisen jedoch eine Tiefe von deutlich mehr als 2 m auf. Ihre Grenze zu den Seen liegt bei einer willkürlich festgelegten Größe von rund 200 ha.
Natürlich verbinden fließende Übergänge diese 4 Grundtypen miteinander. So kann ein kleiner Weiher oder Teich in Trockenjahren auch einmal austrocknen, die Wasserfläche eines sonst alljährlich verschwindenden Tümpels in einem sehr feuchten Sommer dagegen durchgehend erhalten bleiben.
Im folgenden werden die 4 Typen mit ihren ökologischen Kennzeichen und ihren Vorkommen, ihren unterschiedlichen Ausprägungen, den charakteristischen Lebensbedingungen und den wichtigsten pflanzlichen und tierischen Bewohnern vorgestellt.

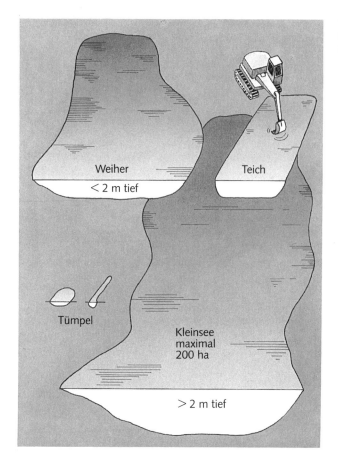

Teich ist nicht gleich Weiher: die verschiedenen Kleingewässer im Größenvergleich.

Weiher
< 2 m tief

Teich

Tümpel

Kleinsee
maximal
200 ha

> 2 m tief

Das wichtigste ökologische Merkmal eines Weihers ist seine geringe Tiefe, die selten 2 m überschreitet.

Weiher

Tiefe und Größe

Die geringe Tiefe hat zur Folge, daß der gesamte Gewässergrund von fest verwurzelten höheren Pflanzen besiedelt sein kann. Als begrenzender Faktor dafür fungiert das Licht. In sehr klarem Wasser können höhere Pflanzen bis in 8 m, Algen und Wassermoose sogar in 20 m Tiefe vorkommen. Die Gewässerbelastung führt jedoch zu einer zunehmenden Trübung, die den Bereich des Lichtminimums in aller Regel auf weniger als 5 m Tiefe ansteigen läßt. Mitunter kann die Schlammbildung in manchen Weihern so stark sein, daß ein Pflanzenwuchs nicht mehr möglich ist.

Eine natürliche Entstehung und eine maximale Tiefe von 2 m sind die wichtigsten Kennzeichen der Weiher. Sie bergen meist die größte botanische und zoologische Vielfalt aller Kleingewässer.

Daraus ergibt sich ein entscheidender Unterschied zum See: Während am See nur die ufernahen Randzonen bewachsen sind, ist der Boden des Weihers durchgehend begrünt – es sei denn, nackter Fels, Schotter oder arme Sande bilden den Untergrund.

Betrachtet man unter diesem Gesichtspunkt ein paar Beispiele, so zeigt sich, wie irreführend die gebräuchlichen Bezeichnungen oft sind: Der Dümmer See in Niedersachsen etwa mit seiner 15 km² großen Wasserfläche und selbst das doppelt so große Steinhuder Meer sind so flach, daß sie, aus ökologischem Blickwinkel gesehen, als Weiher zu bezeichnen wären. Im Normalfall sind Weiher aber deutlich kleiner.

Entstehung

Manche entstanden aus verlandenden Seen, deren Wanne durch das Pflanzenwachstum und durch Material, das die Zuflüsse herantransportierten, nach und nach zusedimentierte; Wasserfläche und -tiefe schrumpften zusammen. Ihre weitere Entwicklung würde – ohne Eingreifen des Menschen – zur Bildung eines Flachmoores führen.

Die meisten Weiher verfügen weder über Zu- noch Ablauf; ihr Wasserhaushalt wird allein durch die Niederschläge bestimmt.

Solche Weiher findet man beispielsweise in Toteislöchern, die am Ende der letzten Eiszeit entstanden sind. Bei zunehmender Erwärmung brachen Eisblöcke von den sich zurückziehenden Gletschern ab, die ringsum von abgelagerten Sanden aus den Schmelzwässern eingeschlossen wurden. Beim

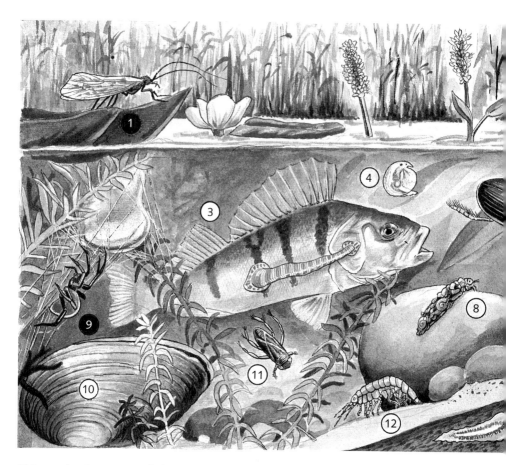

Abtauen des Resteises sank die Erdoberfläche zu einer Hohlform ab, die sich mit Wasser füllte. Manche dieser Toteisseen sind allerdings so tief, daß man sie nicht mehr als Weiher, sondern als echte Kleinseen betrachtet.

Andere Weiher in Norddeutschland und im süddeutschen Voralpengebiet sind ebenfalls eiszeitlichen Ursprungs und entstanden in Felsmulden oder in undurchlässigen Vertiefungen, wie sie die von Gletschern aufgeschobenen Grundmoränen bilden können. Weitere Weiherformen finden sich in anderweitig entstandenen abflußlosen Senken und in den „Mooraugen" im Hochmoor. Die Hochmoorweiher werden aufgrund ihrer besonderen Verhältnisse später besprochen (s. Seite 17).

1 = Köcherfliege
2 = Eintagsfliege
3 = Gemeiner Fischegel saugt am Flußbarsch
4 = Linsenkrebs
5 = Gelbrandkäfer mit Kaulquappe des Grasfrosches
6 = Schlammröhrenwurm
7 = Posthornschnecke
8 = Köcherfliegenlarve
9 = Wasserspinne
10 = Malermuschel
11 = Ruderwanze
12 = Flohkrebs
13 = Strudelwurm
14 = Eintagsfliegenlarve

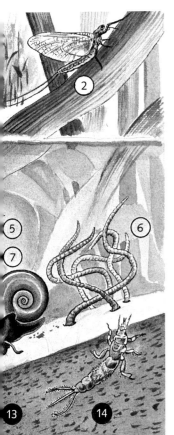

Ausschnitt aus der artenreichen Lebensgemeinschaft eines üppig bewachsenen Weihers.

Pflanzen

Charakteristisch für die meisten Weiher ist ein intensives Wachstum nicht nur der Pflanzen am Gewässergrund, sondern auch der Arten des Röhrichts. Den Boden unter Wasser besiedeln neben den bekannten Seerosen ebenso Teichmummel, Krebsschere, Froschbiß, Pfeilkraut, Laichkraut und Tausendblatt. Den meist breiten Röhrichtgürtel bilden Schilf und Rohrkolben, teils aufgelockert durch Seggen, Binsen und Simsen.

Die leichte Erwärmbarkeit des Weiherwassers infolge der geringen Tiefe, verbunden mit einem meist großen Reichtum an verfügbaren Nährstoffen, bewirkt auch eine starke Vermehrung des pflanzlichen Planktons – das sind Algen, die sich unter Umständen explosionsartig vermehren und so unter stark „eutrophen" (nährstoffreichen) Bedingungen (s. auch Seite 36) zu der berühmten „Wasserblüte" führen können.

4 Stufen der Trophie

Die Trophie eines Gewässers kennzeichnet dessen Nährstoffgehalt. Dieser beeinflußt als einer der wichtigsten Faktoren die Besiedlung des Lebensraumes durch Pflanzen und Tiere. 4 Stufen der Trophie lassen sich unterscheiden:

Eutroph sind Gewässer mit einem hohen Gehalt an Nährstoffen und folglich einem üppigen Pflanzenwachstum und individuenreichen Tiergemeinschaften.

Oligotroph stellt das andere Extrem mit einer Armut an Nährstoffen dar. Vor allem die Individuenzahl der vorkommenden Organismen ist viel geringer, wobei es sich jedoch um spezialisierte und somit meist seltenere Arten handelt.

Mesotroph kennzeichnet den Zustand mittleren Gehaltes an Nährstoffen.

Dystroph ist ein Ausdruck für moorige Gewässer, die durch Huminstoffe aus torfiger Umgebung braun gefärbt sind (sogenannte Braunwasserseen): Ihr Gehalt an Nährstoffen ist meist gering.

Je höher die pflanzliche Produktion insgesamt ist, desto größer ist die Menge von verwesenden toten Pflanzenteilen. Die Zersetzung erfolgt relativ schnell, da die hohen Wassertemperaturen – selbst am Grund eines Weihers kann es im Hochsommer bis zu 20 °C warm werden – die Aktivität der Bakterien und den Ablauf der chemischen Vorgänge erheblich beschleunigen. Die Reste des Abbaus sammeln sich als Schlamm am Weiherboden an, wobei die enthaltenen Nährstoffe innerhalb kürzester Zeit wieder in die Stoffkreisläufe eingebaut werden.

Tiere

Noch üppiger als die Pflanzenwelt ist die Tierwelt entwickelt: Die naturnahen Weiher stellen den zoologisch artenreichsten Binnengewässertyp überhaupt dar. Zu den Spezialisten der Fauna zählen die Raupen der Zünsler (einer Schmetterlingsart mit sehr merkwürdiger Lebensweise) und die unter Wasser lebenden Larven der Köcherfliegen, die sich aus Pflanzenmaterial, Sand oder Steinchen schützende Köcher bauen. Zur Tierwelt der Weiher gehören außerdem die verschiedensten Libellenarten, Kleinkrebse, Stabwanzen und Wasserskorpione – um nur wenige Beispiele zu nennen – eine ganze Reihe von Vogelarten wie Rallen, Schwimmenten, Lappentaucher und Rohrsänger, schließlich auch Fische, Amphibien, Reptilien und andere.

Strenggenommen ein Teich, da durch menschliche Abgrabung entstanden, ökologisch betrachtet aber eher ein Weiher, weil der Eingriff bereits über 400 Jahre zurückliegt: Die Entnahme von Boden zum Deichbau ließ dieses Gewässer in Nordfriesland entstehen. Die Schilfwälder und die trockengefallenen Schlammflächen sind für die Vogelwelt attraktive Elemente des Lebensraums.

Besonderheit Hochmoorweiher

Das krasse Gegenteil zur üppigen Welt des naturnahen Weihers bieten die Hochmoorweiher mit einer ausgeprägten Arten- und Individuenarmut, die durch den extremen Nährstoffmangel – Wissenschaftler sprechen von dystrophen Verhältnissen (s. auch Seite 38) – bedingt ist. Der Mangel rührt vom alleinigen Einfluß des Niederschlagswassers, dem Abgeschnittensein vom mineralischen Untergrund und dem fehlenden Zutritt jeglichen anderen, von außen kommenden Wassers. Die Wassertemperatur schwankt nahe der Oberfläche im Tagesverlauf stark, während sie in der Tiefe andauernd niedrig bleibt. Die saure Reaktion des Wassers wegen des Fehlens von Kalk und die Sauerstoffarmut schränken das Vorkommen von Tieren und Pflanzen weiter ein.

Höhere Pflanzen fehlen im Hochmoorweiher vielfach ganz. Die Hauptpflanzenmasse wird durch Torfmoosarten gebildet, deren Polster oft vom Menschen nicht zu betretende, schwimmende Inseln bilden. Zu den wenigen den widrigen Bedingungen angepaßten Tieren zählen die Kleine Moosjungfer (eine typische Moorlibelle), einzelne Krebse, Zuckmückenlarven und Schwimmkäfer. Ähnliche Bedingungen herrschen in den wassergefüllten Schlenken der Moore, das sind kleine Vertiefungen zwischen den herausragenden Bulten.

So interessant ein Hochmoorweiher als Ausflugsziel auch sein mag – aus Gründen des Naturschutzes und der eigenen

Schlenken und Bulten im Moor

Die Oberfläche eines Moores ist keineswegs eben; sie zeigt auf kleinem Raum ein ausgesprochen bewegtes Mikrorelief: Die herausragenden, höchsten Punkte werden vom Wollgras und anderen Gräsern gebildet. Dies sind die sogenannten Bulten, zugleich die trockensten Stellen selbst inmitten des Moores. Zwischen ihnen sammelt sich in Senken das Wasser: die Schlenken. Hier wachsen die zarten, grünen Torfmoose, die zum allergrößten Teil den Torf aufbauen und bis zum Sechsfachen ihres Eigengewichtes an Wasser aufsaugen und speichern können.

Die Torfmoose bilden in einem intakten Moor pro Jahr eine durchschnittlich 1 mm dicke Torfschicht. Dadurch wachsen die Moose in den feuchten Schlenken auf ihrem eigenen „Abfall" immer weiter empor, während die Bulten nahezu gleich hoch bleiben. Mit zunehmender Höhe sinkt in den Schlenken die Feuchtigkeit, während sie in den eines Tages niedriger liegenden Bulten steigt. Auf diese Weise entstehen aus den ehemaligen trockenen Bulten nasse Schlenken, während sich auf den emporgewachsenen Schlenken infolge der geringeren Feuchte Wollgräser ansiedeln.

Sicherheit sollte man ihn nicht ansteuern, es sei denn, er ist durch einen besucherlenkenden Bohlenweg erschlossen, wie etwa im Schwarzen Moor in der bayerischen Rhön. In den wenigen bislang unzerstört gebliebenen Mooren lebt eine höchst sensible Tier- und Pflanzenwelt, die keine einzige Störung unbeeinträchtigt verkraften kann.

Besonderheit Altwasser

Die Altarme der Flüsse kann man im weitesten Sinne auch noch als Weiher bezeichnen. Durch die Vorgänge der Mäanderbildung – dem Zusammenspiel von abtragenden Kräften am Prallhang und ablagernden Kräften am Gleitufer – vom eigentlichen Flußlauf abgetrennt, sind sie der Fließgewässerdynamik weitgehend entzogen und so zum Stillgewässer geworden. Lediglich bei Hochwasser werden sie noch überschwemmt und stehen dann mit dem Fluß in Verbindung.

Teich

Die Teiche stellen das von Menschenhand geschaffene Gegenstück zu den Weihern dar. Zum einen können sie entweder stark anthropogen (menschlich) beeinflußt sein – wie etwa intensiv bewirtschaftete Fischteiche mit überhöhtem Fischbesatz, die regelmäßig ganz abgelassen werden –, vielleicht sind sie auch seit Jahrzehnten oder gar Jahrhunderten nahezu unberührt geblieben, so daß sich die Natur ungestört entwickeln konnte. Hier liegt der fließende Übergang zum Gewässertyp des Weihers.

Größe, Tiefe, Gestalt

Größe und Tiefe eines Teiches sind per Definition weder nach oben noch nach unten Grenzen gesetzt. Für die Besiedlung durch Pflanzen und stärker noch durch Tiere sind sie jedoch ebenso bedeutsam wie die Wasserqualität, Schwankungen des Wasserspiegels, die Höhe des Besatzes mit Nutzfischen und die Gestalt der Uferzonen. Letztere sind dann für die meisten Arten optimal, wenn sie mit geringer Steigung zum Land hin auslaufen, so daß sich breite Flachwasserzonen ausbilden. Dort erwärmt sich das Wasser rasch, so daß besonders im Frühjahr für viele Organismen – unter anderem Eier und Larven der früh laichenden Amphibien – günstige Entwicklungsbedingungen herrschen. Zugleich bieten sie die Voraussetzung für die Ausbildung eines breiten Röhrichtgürtels, eines für viele Tier- und Pflanzenarten wichtigen Lebensraumes.

Trotz intensiver Karpfenzucht beherbergt der Methorsteich westlich von Rendsburg eine reiche Vogelwelt. Das Ablassen des Gewässers wirkt sich allerdings auf die Lebensgemeinschaft negativ aus.

Fischteich

Die wohl häufigste und zugleich mit am stärksten vom Menschen beeinflußte Form des Teiches, der Fischteich, stellt in Hinblick auf die Gestalt der Uferzonen das genaue Gegenteil dar: Steile Ufer sollen maximale Erträge garantieren, indem sie die Ansiedlung störender Vegetation und das Eindringen von Konkurrenten, in erster Linie des Graureihers, verhindern. In vielen Fällen erfolgt über Winter ein Ablassen der Fischteiche, wobei bis zum erneuten Bespannen, d. h. zum Wiedereinstau, mehrere Wochen bis Monate vergehen. Auf diese Weise soll der Teichboden durchfrieren können; zugleich wird ein Kalken und Düngen des Bodens möglich, die Unterwasservegetation wird zurückgedrängt.

Welche Folgen die Fischteichnutzung verschiedener Intensität für die Tier- und Pflanzenwelt hat, beobachtete ein Biologe über 12 Jahre lang an einem 11 ha großen Fischteich in aufeinanderfolgenden Phasen:

Zunächst erfolgte „normale" Fischteichnutzung: Düngung mit Branntkalk und Phosphatdünger zwecks Erhöhung der Produktion, Fischbesatz mit 7000 einjährigen Karpfen, 10000 Junghechten und 2 Zentner Schleien, Fischfütterung mit Getreide, Mähen der Vegetation im Teich mit einer Sense im Sommer, Abfischen und Trockenfallen im Oktober. Dennoch wuchs der ehemals fast vegetationsfreie Teich innerhalb weniger Jahre weitgehend zu. Für 9 Amphibienarten war der Fischteich ein wichtiges Laichgebiet. Das Nebeneinander war aber nur möglich, weil der Besatz mit zudem jungen Fischen erst im April/Mai erfolgte, wenn die Kaulquappen schon eine gewisse Größe erreicht hatten; ein früherer

Besatz mit größeren Fischen wäre für die Lurche tödlich gewesen (s. unten).

In Phase 2 übernahm der Naturschutz den Teich. Um der Verlandung entgegenzuwirken, wurde eine 10 cm starke Bodenschicht zur Schaffung neuer Freiwasserzonen abgeschoben und der Zuflußgraben entschlammt; daneben entstanden 2 Inseln und ein tiefer randlicher Ringgraben. Phosphatdüngung, Ausmähen der Vegetation, herbstliches Ablassen des Wassers und Fütterung der Fische unterblieben, die Kalkung wurde reduziert, wegen des sauren Zuflusses aber nicht ganz eingestellt. Als Nahrungsquelle für Graureiher, Schwarz- und Weißstorch wurden Fische eingesetzt.

Die Ergebnisse: Durch das Abschieben und die fehlende Düngung wandelte sich die Pflanzenwelt. Es siedelten sich

Ein rechteckiger Umriß, steile Ufer und wenig Vegetation – das sind die Kennzeichen der Fischteiche. Im Herbst wird das Wasser abgelassen, um die Bildung von Faulschlamm am Boden zu verhindern und gleichzeitig kalken und düngen zu können. Das Ergebnis sind höhere Fischereierträge. Jegliche Konkurrenz ist unerwünscht: laichende Amphibien genauso wie fischende Graureiher – ein häufiger Konfliktstoff.

Arten an, die saurere und vor allem stickstoffärmere Standorte bevorzugen. Der Bestand an Amphibien ging stark zurück, weil mit den jetzt ganzjährig dort lebenden Fischen wesentlich mehr Freßfeinde vorhanden waren, die infolge der fehlenden Fütterung ganz auf natürliche Nahrung angewiesen waren. Die Zahl der Libellenarten nahm fast um das Dreifache zu, da ehemals nur die Arten überleben konnten, die als Ei oder Alttier überwintern. Bei nun ganzjähriger Wasserführung hatten aber auch solche eine Chance, die die kalte Jahreszeit als Larve im Wasser überdauern.

In Phase 3 wurde der Teich ganz abgefischt. Außer einer Kalkung erfolgten keinerlei Eingriffe. Vom Fehlen der Fische profitierten die meisten Artengruppen: Die untergetaucht am Boden wachsenden Pflanzen breiteten sich sehr stark aus, weil das Wasser deutlich klarer geworden war. Die Amphibienarten konnten sich überwiegend sehr gut entwickeln, der Brutbestand des Zwergtauchers schnellte empor. Nahrungssuchende Graureiher und durchziehende Fischadler dagegen verschwanden fast völlig, Schwarz- und Weißstörche wurden seltener. Die Libellen steigerten ihre Arten- und Individuenzahl weiter.

Fazit: Das winterliche Ablassen von Fischteichen wirkt sich auf die heimischen Tierarten negativ aus. Mit Ausnahme der fischfressenden Vögel werden alle anderen Tiere von dem überhöhten Fischbesatz negativ beeinflußt. Für die Amphibien bringt es Vorteile, wenn der Teich im Herbst ganz abgefischt wird und möglichst spät im Frühjahr nicht zu große Jungfische eingesetzt werden, die als Freßfeinde noch keine Rolle spielen.

Ein besonderer Interessenkonflikt ergibt sich immer wieder zwischen Amphibienschutz und Fischzucht. Nachdem in einen bisher nur extensiv genutzten Teich 1 200 Regenbogenforellen eingesetzt worden waren, stellten Biologen sehr unterschiedliche Auswirkungen fest. Während die Larven der Grasfrösche so stark dezimiert wurden, daß ein Erlöschen des Bestandes absehbar war, und bei Berg- und Fadenmolchen zumindest die Tendenz einer Schädigung deutlich wurde, verfügten die Erdkröten-Kaulquappen offensichtlich über so gute Schutzmechanismen, daß sie nicht wesentlich beeinträchtigt wurden; sie setzen bei Verletzung einen Schreckstoff frei, der die in Schwärmen schwimmenden Artgenossen dazu veranlaßt, sich blitzschnell zu verteilen und sich zu Boden sinken zu lassen; außerdem enthalten sie einen Bitterstoff, der sie für Räuber ungenießbar macht.

Zierteich

Zierteiche sind in aller Regel keine interessanten Beobachtungsobjekte: umgeben von kurzgeschorenen Rasenflächen, entweder ganz ohne oder mit weitgehend exotischen Begleitpflanzen und mit Goldfischen und Ziergeflügel besetzt. Der ökologische Wert solcher „schönen" Parkteiche ist sehr gering, der von eingewachsenen alten Teichen dagegen sehr hoch, obwohl diesen wieder der Ruf von „Unordnung" anhängt.

Ein Dorfteich gehörte früher zu jeder Siedlung, um im Brandfall Löschwasser zur Verfügung zu haben. Heute besitzen die Kleingewässer am Dorfrand Seltenheitswert.

Dorfteich, Feuerlöschteich, Mühlenteich

Diese und andere alte Staugewässer zählen landläufig zur Kategorie der „Schandflecken": Oft schon Jahrhunderte alt und weitgehend funktionslos geworden, bleiben sie ganz sich selbst überlassen; die Natur konnte sich ungestört entwikkeln. In ihrer Bedeutung und Besiedlung durch Pflanzen und Tiere sind sie ohne weiteres mit den Weihern zu vergleichen. Verfallen allerdings die alten Wehre und Staueinrichtungen, so droht das Austrocknen und irgendwann eine anderweitige Nutzung des Geländes.

In gewässerarmen Gebieten stellen die alten Stauteiche vielfach die einzigen Laich- und Lebensstätten für Amphibien-

Klärteiche mit einer großen Bedeutung für den Naturschutz als Nebenprodukt: Die Rieselfelder nördlich der Stadt Münster wurden als internationaler Vogelrastplatz weithin bekannt.

und bestimmte Libellenarten dar. Um so wichtiger ist es, den Wert jedes einzelnen Teiches zu erkennen und langfristig zu erhalten. Vielfach kommt als Schutzgrund die Kulturhistorie hinzu, denn gerade die Mühlenteiche erinnern an die früheren Methoden der Wasserkraftnutzung und den Beginn des Industriezeitalters.

Der Dorfteich gehörte als Löschwasserreservoir zum gewohnten Bild jeder Siedlung.

Klärteich

Klärteiche dienen vorrangig zur Reinigung von Abwässern –
als Nachklärbecken, in dem das vorgereinigte Wasser noch einige Stunden bis Tage verweilt,
– im Zusammenhang mit der sogenannten Wurzelraumentsorgung, wobei das Abwasser mit Hilfe einer dichten Vegetation (Binsen, Teichsimse und andere) gesäubert wird,
– als Rieselfeld, auf dem die Reinigung ebenfalls auf biologischem Wege in großflächigen Flachteichen erfolgt.

Welche Bedeutung Klärteiche trotz oder gerade wegen ihres Nährstoffreichtums besitzen, zeigen die Rieselfelder der Stadt Münster. Sie stellen für viele Tausende von Watvögeln und Enten einen europaweit bedeutsamen Rastplatz dar.

Gerade für kleine Gemeinden sind technisch einfache, vollbiologisch arbeitende Klärteichanlagen eine finanziell günstige Alternative. Mit ihrer abwechslungsreichen Kleinstruktur aus einheimischen Pflanzenarten bieten sie zugleich zahlreichen Insekten, Amphibien, Vögeln und Fledermäusen Lebensräume.

Zu den Teichen zählen auch die wassergefüllten Torfstiche wie beispielsweise der Krebsteich im Dellstedter Birkwildmoor in Dithmarschen, den im Zweiten Weltkrieg russische Kriegsgefangene schufen.

Kiesteich
Ebenso wie die Teiche in Tongruben entstehen Kiesteiche durch Abbau. Sich selbst überlassen, stellen sie schon nach wenigen Jahren für viele Tierarten wertvolle Sekundärlebensräume dar. Gerade auf die Teiche in den Kiesgruben

Sekundäre Lebensräume
„Ein Biotop aus Menschenhand" – so steht es oft in der Zeitung, wenn durch menschliche Aktivitäten Lebensräume für Tier- und Pflanzenarten entstanden: Wasserstellen in Sand- und Kiesgruben zum Beispiel. Diese bezeichnet man auch als Sekundärlebensräume. Das Gegenstück dazu sind die primären Lebensstätten, obwohl dieser Begriff weniger gebräuchlich ist: durch natürliche Kräfte entwickelte Biotope, ohne daß der Mensch seine Finger mit im Spiel hatte.

In Steinbrüchen entstehende, oft nur wenige Zentimeter tiefe Tümpel sind der bevorzugte Lebensraum von Kreuzkröten und Gelbbauchunken.

übt der Mensch durch sein Freizeitverhalten einen enormen Druck aus und drängt die Natur schnell zurück.

Wassergefüllter Torfstich

Man rechnet Torfstiche ebenfalls zu den Teichen, da sie durch Menschenhand entstanden. In der Phase der Verlandung sind sie hinsichtlich der ökologischen Bedingungen und ihres Arteninventars mit dem Moorweiher zu vergleichen.

Vorkommen

Das Vorkommen der Teiche in der Landschaft richtet sich in erster Linie nach dem Nutzungszweck: Zier-, Dorf- und Mühlenteiche sind an menschliche Siedlungen gebunden; Fischteiche legt man wegen der Speisung mit frischem Wasser meist in der Nähe von Bachläufen an; Teiche in Kies- und Tongruben sowie in Torfstichen findet man naturgemäß in den Abbaugebieten.

Pflanzen und Tiere

Eine allgemeine Beschreibung der charakteristischen Pflanzen- und Tierwelt von Teichen ist kaum möglich. Sie reicht

Teich ist nicht gleich Tümpel

Seite 26:
Der Boden austrocknender
Tümpel wird innerhalb kürzester
Zeit von verschiedenen Pflanzen
besiedelt – im Bild unter
anderem von Rohrkolben und
Zweizahn.

vom fast völligen Fehlen heimischer Arten in monotonen Zierteichen bis hin zu üppigen Beständen in alten, weiherähnlichen und vom Menschen kaum beeinflußten Teichen. In einem naturnahen Zustand ist in aller Regel ein Röhricht- und ein Schwimmblattpflanzen-Gürtel ausgebildet. Sogenannte Ubiquisten, das sind Tier- und Pflanzenarten, die keine strengen Anforderungen an die Qualität ihres Lebensraumes stellen, wie etwa Wasserlinse, Wasserläufer und verschiedene Wasserkäferarten, sind in nahezu jedem Teich zu beobachten. Für viele Amphibien wie Erdkröte, Grasfrosch und die 4 Molcharten liegt der Schwerpunkt ihres Vorkommens in den Teichen.

Tümpel

Die ökologischen Kennzeichen der Tümpel sind das periodische Austrocknen, eine geringe Wassertiefe und das weitgehende Fehlen echter Wasserpflanzen. Tümpel können an den unterschiedlichsten Orten entstehen und sowohl durch Schmelzwasser als auch durch Niederschlags-, Fluß- oder Grundwasser gespeist werden.

Da gibt es Tümpel am Rande eines abtauenden Gletschers, wassergefüllte Senken im Überschwemmungsbereich eines Baches oder Flusses, im Frühjahr durch die Schneeschmelze gefüllte Geländevertiefungen, durch Bodenverdichtung länger bestehende Wagenspuren schwerer Maschinen im Wald und in den Sand- und Kiesgruben, durch Grundwasser gefüllte Senken in Bruchwäldern, nur periodisch wasserführende Quelltöpfe und viele andere mehr.

Wechselnde Lebensbedingungen

Der Vielfalt der Tümpelarten entsprechend sind auch in den Tümpeln die Lebensbedingungen sehr verschieden: Während die Quelltümpel ganzjährig fast gleichmäßig kühles, etwa der Jahresmitteltemperatur der Region gleichendes Wasser führen, schwankt die Wassertemperatur der übrigen nicht beschatteten Tümpel im Tagesverlauf ganz extrem. Bereits im zeitigen Frühjahr können die Sonnenstrahlen das den Boden nur flach bedeckende Wasser auf 25, ja auf über 30 °C erwärmen, während die Temperatur in der Nacht noch sehr stark absinkt. Die Wassertemperatur liegt jedoch meist etwas über dem Niveau der Lufttemperatur, da auch der Boden unter der dünnen Wasserbedeckung die Wärmestrahlung der Sonne speichert und später an das Wasser abgibt. Während hier das Leben schon im März und April auf

Hochtouren läuft, gehören die Organismen der Wald- und der Quelltümpel zu den „Spätentwicklern."

Häufiger indessen sind die sonnenexponierten Tümpel zu finden. Schon an den ersten Frühlingstagen lassen sich hier laichende Grasfrösche, Teich-, Berg- und Fadenmolche beobachten. In dem warmen Wasser können sich Laich und Kaulquappen wesentlich schneller entwickeln als in den kühleren Teichen und Weihern. Am liebsten halten sich die Kaulquappen in den nur wenige Millimeter tiefen Randzonen der Tümpel auf – dort, wo das Wasser am wärmsten ist und sich auch ihre Nahrung – in erster Linie pflanzliches Plankton – am besten entwickelt. Auch mit bloßem Auge sind hier die Grünalgen und verschiedene Urtierchen zu sehen.

Je stärker der Sonne ausgesetzt, desto kurzlebiger sind die

Ausschnitt aus der Lebensgemeinschaft eines Tümpels.
1 = Wasserläufer
2 = Taumelkäfer
3 = Rückenschwimmer
4 = Stechmückenlarve
5 = Furchenschwimmer
6 = Bergmolch und Larve
7 = Wenigborster
8 = Plattbauchlibellenlarve
9 = Grünalgen
10 = Gemeiner Wasserfloh
11 = Muschelkrebs

Tümpel aber auch. Manche Tierarten haben sich darauf eingestellt, indem sie ihre Entwicklungszeit verkürzen: Die Larven der Kreuzkröte, eines typischen Tümpelbewohners, verlassen schon nach 6 bis 7 Wochen das Gewässer. Länger bleiben die schattigen Waldtümpel bestehen, die nach Ablaufen des Hochwassers in den Auwäldern verbleiben. Daher sind sie auch für Amphibien mit längerer Entwicklungszeit wie die Molche und Erdkröten besser geeignet.

Angepaßt an das Austrocknen sind auch verschiedene Kleinkrebse und Wasserflöhe, deren Eier im trockenen Schlamm überdauern und sich erst dann entwickeln, wenn sie wieder befeuchtet werden. Die Verwandlung zum ausgewachsenen Tier kann dann in 2 Wochen ablaufen, so daß innerhalb kürzester Zeit eine Massenentwicklung möglich ist. Manche Arten verfügen über Eier, die über mehrere Monate bis Jahre entwicklungsfähig bleiben, während sich die Faden- und Strudelwürmer durch Schleimausscheidungen im Schlamm schützen.

Mobilität als Überlebensstrategie zeigen dagegen die Wasserläufer, Schwimm- und Taumelkäfer, die über weite Strecken fliegen und so bei ungünstigen Lebensbedingungen abwandern können. Echte Tümpelbewohner sind sie aber nicht, denn sie kommen auch an anderen, dauernd bestehenden Gewässertypen vor. Dies gilt auch für die Libellen. Wie schnell bei diesen Arten die Besiedlung neu entstehender Wasserstellen erfolgt, überrascht immer wieder bei der Anlage von Gartenteichen: Schon wenige Stunden nach Befüllen mit Wasser sind die ersten Exemplare verschiedener Arten zu beobachten.

Echte Wasserpflanzen vertragen die Trockenheit nicht, die den Boden im Sommer oder Spätsommer tiefe Trockenrisse bilden läßt. Die höheren Pflanzen, die hier gedeihen, sind zu den Landpflanzen zu rechnen, die eine mehr oder weniger lange Überschwemmungsperiode vertragen.

Kleinstgewässer

Neben den Tümpeln gibt es noch kleinere Wasserstellen, die ebenfalls Tieren und Pflanzen als Lebensraum dienen; sie sollen nur am Rande erwähnt werden: die Kleinstgewässer wie wassergefüllte hohle Baumstümpfe, Felsvertiefungen, Huftritte des Weideviehs oder weggeworfene Konservendosen. Fadenwürmer, Mückenlarven und Muschelkrebse zählen zu den Bewohnern dieser meist nur sehr kurzzeitig bestehenden Wasserstellen.

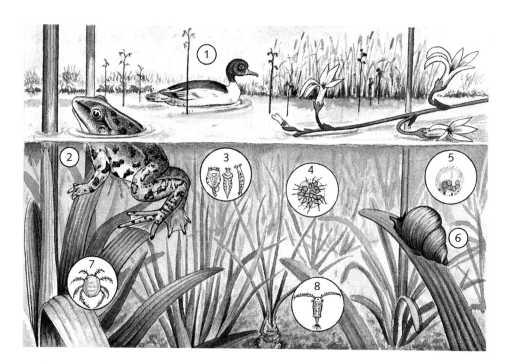

Auch ein kleines natürliches Gewässer wird dann nicht mehr als Weiher, sondern als Kleinsee bezeichnet, wenn seine Tiefe die 2-m-Linie übersteigt. Nach oben liegt die per Definition festgelegte Grenze zum echten See bei einer Flächengröße von 200 ha. Vom Weiher unterscheiden sich die Kleinseen vor allem durch das Vorhandensein einer lichtlosen bzw. zumindest sehr lichtarmen Zone am Boden, vom gewöhnlichen See durch die meist geringere Tiefe, den oft fehlenden Zu- und Abfluß sowie die geringere Wellenbildung. Da der Wind nur eine kleine Angriffsfläche findet, kann sich die Ufervegetation besser entwickeln.

Natürlich entstandene Kleinseen sind häufig Folgen der Tätigkeit von Gletschern, die beim Abschmelzen Toteislöcher und von Moränen umgebende Mulden zurückließen. Mangels eines Zuflusses bleiben diese Kleinseen häufig als oligo- bis mesotrophe, also relativ nährstoffarme Gewässer, erhalten (s. auch Seite 36 und 38). Sie bieten dann zwar wesentlich weniger Tier- und Pflanzenarten und Individuen Lebensraum, dafür aber solchen, die eben auf diese Nährstoffverhältnisse spezialisiert und dadurch in der heutigen Kulturlandschaft allgemein stark gefährdet sind.

Kleinsee

Beispiel für eine Lebensgemeinschaft in einem klaren Kleinsee.
1 = Gänsesäger
2 = Wasserfrosch
3 = Rädertiere
4 = Goldalge
5 = Grünalge
6 = Lungenschnecke
7 = Wassermilbe
8 = Ruderfußkrebs

Ein durch Torfabbau entstandener Teich, der sich selbst überlassen blieb und inzwischen ein Rückzugsgebiet für Tiere und Pflanzen darstellt.

Kleinseen können aber auch durch den Menschen entstanden sein: kleinere Stauseen zum Beispiel. Eine klare begriffliche Abgrenzung gegenüber dem Teich besteht allerdings nicht.

Einblicke in die Ökologie

Die Wissenschaft der Ökologie befaßt sich mit den Beziehungen der Organismen untereinander und zu ihrer Umwelt. Die wesentlichen Einflußgrößen in den untersuchten Beziehungsgefügen sind die abiotischen Faktoren der unbelebten Natur auf der einen Seite – dazu rechnet man beispielsweise Klima, Gestein, Boden und Landschaftsrelief – sowie die biotischen Faktoren, die von der belebten Natur (Tiere und Pflanzen) direkt ausgehen, wie Besiedlungsdichte, Nahrungsbeziehungen, Feind- und Konkurrenzdruck auf der anderen Seite.

Ein Teilbereich der Ökologie ist die Limnologie, die die Binnengewässer und ihre Lebewelt betrachtet. Die Fließ- und die großen stehenden Gewässer sind in diesem Buch nicht von Interesse. Dennoch bleibt auch der Themenbereich der Ökologie stehender Kleingewässer derart groß, daß hier nur schlaglichtartig ausgewählte Punkte angesprochen werden können.

Wasser als Lebenselement

Unter Wasser herrschen allein aus physikalischer Sicht ganz andere Lebensbedingungen als auf dem Land:

Schwerkraft und Auftrieb

Die Dichte des Wassers beträgt etwa das 800fache der Luft und liegt nur noch wenig unterhalb der Dichte der wasserbewohnenden Tiere. Sie müssen infolge der geringen Schwerkraftwirkung nur ein Minimum an Energie investieren, um ihre Schwimmhöhe zu halten. Entsprechend einfacher ist gegenüber den Landtieren auch die Fortbewegung.

Interessant in diesem Zusammenhang ist das Schweben der Planktonorganismen, also der mikroskopisch kleinen pflanzlichen und tierischen Lebewesen wie Bakterien, Blaualgen, Algen, Urtiere, Rädertiere und Kleinkrebse. Geringfügig schwerer als das umgebende Wasser, müßten sie eigentlich langsam, aber stetig absinken. Das tun sie jedoch nicht, weil sie auf verschiedenen Wegen ihr Übergewicht ausgleichen:

– durch die Bildung von Auftrieb schaffenden Kieselpanzern
(wie die Kieselalgen) oder Gallerthüllen (verschiedene
Blau- und Grünalgen, manche Rädertiere),
– durch den Einbau von leichteren Stoffen wie Öltropfen,
Luft- oder Gasblasen (Kieselalgen, Rädertiere, Blaualgen),
– durch Erhöhen des sogenannten Formwiderstands, her-
vorgerufen durch einen abgeflachten, plattigen Körperbau,
die Bildung von leistenartigen Verbreiterungen und An-
hängseln oder die Zusammenballung von Zellkolonien,
wie sie von den Kieselalgen am bekanntesten sind.

Atmung
Erschwert ist im Wasser die Atmung der Tiere, denn je nach
der aktuellen Temperatur kann Wasser nur 3 bis 5 % der
Sauerstoffmenge enthalten, die die Luft aufweist (siehe
unten). Manche Arten kommen deshalb zum Luftholen an
die Wasseroberfläche: die ausgewachsenen Amphibien

In Kleingewässern leben viele
Grenzgänger zwischen Wasser
und Land: Der Fadenmolch etwa
kommt nur zur Laichzeit im
Frühjahr ins Wasser, wo er
mindestens alle 15 bis 20
Minuten an die Oberfläche
kommen muß, um Luft zu
schnappen. Sein Nachwuchs
geht im Herbst an Land.

etwa, die Rückenschwimmer oder die Larven der Stechmükken, Gelbrandkäfer, Schweb- und Waffenfliegen. Andere wie die Wasserläufer oder die Schwimmvögel sind reine Luftlebewesen, die fast ständig über der Wasseroberfläche leben und atmen. Die Wasserspinne beispielsweise legt sich eine Luftglocke an. Die meisten Wassertiere atmen allerdings über ihre Hautoberfläche bzw. über verborgene oder frei liegende Hautausstülpungen, die Kiemen. Schwimmkäfer nehmen einen gewissen Luftvorrat unter ihren Flügeldecken mit unter Wasser.

Für die Wassertiere spielt die Atmung der Wasserpflanzen eine nicht unerhebliche Rolle: Bei der Photosynthese unter Aufnahme von Kohlendioxid und Wasser sowie dem Einfluß des Sonnenlichts wird sozusagen als „Abfallprodukt" Sauerstoff von den Pflanzen an das Wasser abgegeben. So lassen sich die Bläschen erklären, die von den Blättern der Wasserpflanzen zur Wasseroberfläche aufsteigen; man kann sie meistens an sonnigen Tagen beobachten. Große Mengen Sauerstoff kann das Wasser dabei nicht aufnehmen, der größte Teil entweicht in die Luft. Wichtiger für die Tierwelt sind die mikroskopisch kleinen Sauerstoffbläschen, die die Algen abgeben. Sie lösen sich weitgehend im Wasser und können so zu einer Übersättigung des Wassers mit Sauerstoff (bis zu 130 %) führen.

Von besonderer Bedeutung ist das Wasser auch für die Überwinterung vieler Tiere: Bei Frost frieren zwar die Tümpel bis zum Boden durch, in den meisten anderen Kleingewässern bleibt dagegen eine eisfreie Tiefenzone bestehen, in der die Wassertemperatur nicht unter 4 °C absinkt – in diesem Zustand besitzt Wasser seine größte Dichte – und so vielen Arten ein frostsicheres Überwintern ermöglicht.

Chemische Faktoren bestimmen ganz wesentlich die Lebensbedingungen im Kleingewässer. An erster Stelle ist der bereits angesprochene Sauerstoffgehalt zu nennen, der im Jahres- und im Tagesverlauf sehr stark schwanken kann.

Ein wenig Gewässerchemie

Sauerstoff
Abhängig von Temperatur, Sonneneinstrahlung und Nährstoffgehalt des Wassers erfolgt eine Sauerstoffzufuhr in erster Linie durch die Photosynthese der Wasserpflanzen. Die Wassertemperatur, die gerade in den Kleingewässern und hier besonders in den Tümpeln extrem variiert, entscheidet über

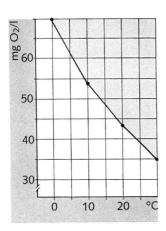

Je höher die Temperatur, desto weniger Sauerstoff kann im Wasser gelöst werden. Die angegebenen Werte kennzeichnen die Sättigung des Wassers mit dem Gas Sauerstoff (O_2).

die Menge an Sauerstoff, die maximal im Wasser gelöst werden kann (s. Abb. links).

Mit steigender Temperatur nimmt also der höchstens mögliche Sauerstoffgehalt ab, der Verbrauch der Tiere dagegen zu. Hinzu kommt, daß mit steigender Wärme auch die sauerstoffzehrenden Abbauprozesse der toten organischen Substanz wesentlich beschleunigt werden. Im Extremfall kann so der gesamte gelöste Sauerstoff eines Gewässers aufgebraucht werden, so daß es „umkippt", alle auf den Sauerstoff angewiesenen Lebewesen absterben und nur noch Fäulnisprozesse ablaufen.

Nährelemente

Stickstoff und Phosphor, wichtige Nährelemente für das pflanzliche Wachstum, kommen in den verschiedenen chemischen Verbindungen im Wasser vor. Während von Natur aus nur relativ geringe Mengen von Nährstoffen über Niederschläge, geringfügige Erosion, Zuflüsse und Mikroorganismentätigkeit in die Gewässer eingetragen werden, kommt es durch die menschlichen Aktivitäten zu einer in den letzten Jahrzehnten enorm angewachsenen Eutrophierung, d.h. Nährstoffanreicherung. Im Falle des Stickstoffs resultiert dies im wesentlichen aus der Düngerauswaschung auf landwirtschaftlich genutzten Flächen und der Belastung durch organische Abwässer. Im Falle der Phosphorverbindungen sind ebenfalls die landwirtschaftliche Düngung sowie die in Wasch-und Reinigungsmitteln enthaltenen Phosphate die Ursachen. Vom Problem der Eutrophierung wird später noch einmal die Rede sein.

Die Pflanzen reagieren zum Teil recht empfindlich auf den Nährstoffgehalt: So wie beispielsweise die Brennessel immer auf nährstoffreiche Standorte hinweist, so gibt es auch unter den Wasser- und Uferpflanzen Arten, die nur in relativ eng umgrenzten Bereichen guter, mittlerer oder schlechter Nährstoffversorgung vorkommen, wobei dem Stickstoff als Hauptnährelement die größte Bedeutung zukommt. Sehr viele Pflanzen der Kleingewässer besitzen eine Vorliebe für Nährstoffreichtum, viele andere zeigen sich aber auch kaum spezialisiert.

pH-Wert und Wasserhärte

Weitere Kennwerte der chemischen Eigenschaften des Wassers sind der pH-Wert und die Härte. Der pH-Wert als Ausdruck der Wasserstoffionenkonzentration beschreibt die saure, neutrale oder alkalische Reaktion, die wiederum das Vorkommen von Pflanzen- und auch Tierarten beeinflußt. Die Wasserhärte, angegeben in Grad deutscher Härte (°dH), wird durch den Kalzium- und Magnesiumgehalt des Gesteins der Umgebung in Form von Karbonat, Hydrogenkarbonat und Sulfat bestimmt.

Alle diese Kennzeichen der chemischen Merkmale von Gewässern – Sauerstoff und Sauerstoffsättigung bzw. -defizit, Stickstoff-und Phosphorgehalt, pH-Wert und Wasserhärte – lassen sich mit Hilfe einfacher Schnelltests zumindest größenordnungsmäßig leicht bestimmen.

Salzgehalt

Lokal bzw. regional von Bedeutung ist daneben der Salzgehalt – zum größten Teil handelt es sich dabei um Kochsalz – von Kleingewässern. Betroffen davon sind in erster Linie die küstennahen Bereiche an Nord- und Ostsee, die regelmäßig oder auch nur in Ausnahmefällen vom Meerwasser überflutet werden, kleinräumig aber auch durch Salzquellen beeinflußte Gewässer weit im Binnenland.

Das Wasser der Nordsee weist mit 30 bis 33 °/oo (d. h. 30 bis 33 g Salz pro Liter) den höchsten Salzgehalt auf, während dieser in der Ostsee von 31 °/oo im Großen Belt über 20 °/oo bei Kiel, 18 °/oo bei Travemünde und nur noch 8 °/oo bei Rügen in der DDR kontinuierlich nach Osten hin abnimmt. In den vom Meerwasser beeinflußten Kleingewässern kann der Salzgehalt sehr stark schwanken: Das hineingeschwappte salzige Wasser kann durch die Niederschläge zunehmend aussüßen, in Trockenperioden aber auch durch Eindampfen immer konzentrierter werden. Daran sind wiederum bestimmte Arten angepaßt: Bei den Pflanzen spricht man von „Halophyten", bei den Tieren von sich „halobiont" verhaltenden Arten. Die meisten von ihnen kommen nicht nur mit den hohen Salzkonzentrationen und deren Schwankungen zurecht, sondern könnten auch auf salzfreien Standorten leben. Dort unterliegen sie aber der Konkurrenz durch andere, stärkere Arten.

Salzhaltige Kleingewässer besitzen eine eigene Flora und Fauna, die an die – oft stark schwankende – Salinität angepaßt sind. Das Zierliche Tausendgüldenkraut ist eine solche salzverträgliche Pflanze, die zugleich aber auch salzfreie, meist kalkhaltige Standorte besiedelt.

Seite 37:
Ein dystrophes Gewässer stellt die Schwarze Kuhle in der Nähe des schleswig-holsteinischen Ratzeburg dar. Das nährstoffarme Wasser wird durch die Huminstoffe eines angrenzenden Moores braun gefärbt.

Betrachtet man den Nährstoffgehalt stehender Gewässer, so lassen sich 3 Haupttypen unterscheiden:
Oligotrophe Gewässer sind durch Nährstoffarmut gekennzeichnet. Das Wasser ist blau oder bräunlich bis grünlich gefärbt, erlaubt eine recht große Sichttiefe und weist Stick-

Eutrophierung und Verlandung

Eutrophierung und Verlandung

stoff und Phosphat nur in Spuren auf. Die Ufer gestalten sich meist steil.

Eutrophe Gewässer sind nährstoffreich mit mehr als 1 mg/l Stickstoff und über 0,5 mg/l Phosphat. Das schmutziggraue bis blaugrüne Wasser erlaubt nur eine geringe bis mäßig große Sichttiefe. Die Ufer sind in der Regel flach ausgebildet.

Dystrophe Gewässer mit flachen Ufern finden sich in erster Linie in Hochmooren. Der starke Humusgehalt färbt das Wasser gelblich bis tiefbraun, so daß die Sichttiefe nur sehr gering ist. Stickstoff fehlt im Wasser völlig, Phosphat ist mit weniger als 0,5 mg/l vorhanden.

Der pH-Wert liegt mit 7 und höher in den eutrophen und den kalkreich-oligotrophen Gewässern in der Regel im neutralen (bis alkalischen) Bereich, in den dystrophen mit unter 5 dagegen im sauren. Die kalkarm-oligotrophen Gewässer nehmen mit 4,5 bis 7 eine Mittelstellung ein. Vor allem im Bereich der Krummholzstufe unterhalb der Waldgrenze der Alpen findet man oft Übergänge zwischen dem dystrophen und dem kalkarm-oligotrophen Typ.

Diese 3 Kategorien des Nährstoffgehalts von Gewässern – die nicht nur für die Still-, sondern auch für die Fließgewässer gelten – sind keine starren Formen, sondern durch vielerlei Übergänge verbunden. Vielfach wird noch ein **mesotropher Typ** abgegrenzt, der den Übergang zwischen dem oligotrophen und dem eutrophen Typ mit mittlerem Nährstoffgehalt darstellt.

Nährstoffe reichern sich an

Schon von Natur aus entwickelt sich jedes neu entstandene Gewässer mehr oder weniger langsam vom oligotrophen zum eutrophen Typ. Dies liegt daran, daß Pflanzennährstoffe, vor allem Stickstoff und die als Mangelfaktor meist das Wachstum begrenzenden Phosphatverbindungen, erst nach und nach über die Zuflüsse (Fließgewässer, von den umgebenden Hängen abfließendes Wasser) in das Gewässer gelangen. Daher zeigen die Pflanzen im oligotrophen Gewässer nur ein geringes Wachstum, während mit zunehmender Einschwemmung von Nährstoffen immer mehr Pflanzenmasse gebildet werden kann. Das einmal vorhandene pflanzliche Material wird in einem Kreislauf immer wieder zu einfachen chemischen Nährelementen zersetzt, die dann erneut für die Produktion zur Verfügung stehen.

Der Einfluß des Menschen auf die Umwelt hat nun aber in den letzten Jahren und Jahrzehnten zu einer rasanten Be-

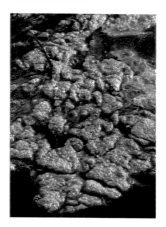

Algenwatten an der Oberfläche verraten eine Eutrophierung von Kleingewässern. Das starke Nährstoffangebot, welches die Grünalgen so stark wachsen läßt, kann verschiedene Ursachen haben.

schleunigung der Nährstoffanreicherung geführt. Die wichtigsten Quellen sind, wie bereits angedeutet, die Düngung in der Landwirtschaft und die Abwässer. Die Intensivierung der landwirtschaftlichen Produktion mit der Ausräumung der Feldfluren, großflächigen Monokulturen und enormem Düngereinsatz bewirkt in Verbindung mit dem geradlinigen Ausbau der Fließgewässer mit jedem Regen eine Erosion des Bodens. Das oft braun gefärbte Wasser führt große Mengen an Dünger und Nährstoffen mit sich, die sich in den stehenden Gewässern absetzen.

Monokulturen
Land- und Forstwirtschaft hören es nicht gern, wenn ihnen der Anbau in sogenannten Monokulturen vorgeworfen wird: Das sind großflächige Anbau- bzw. Kulturflächen, auf denen nur ein und dieselbe Nutzpflanze wächst, also zum Beispiel Getreideäcker, Rapsfelder, Fichten- oder auch Laubholzkulturen. Ökologisch gesehen bieten sie einigen wenigen Tier- und Pflanzenarten günstige Lebensbedingungen, die sich dann oft massenhaft ausbreiten und mit großem Chemieeinsatz unterdrückt werden. Das Gros der sonst in einer solchen Landschaft heimischen Arten jedoch wird durch die Anlage von Monokulturen verdrängt oder ausgerottet.

Hinzu kommen noch die Abwässer organischer Art und die Waschmittelphosphate aus den Haushalten. Gemeinsam sorgen sie mit den Produkten der Landwirtschaft in den Gewässern für eine teilweise explosionsartige Vermehrung der Pflanzen. Dichte Algenteppiche im Sommer sind ein untrügliches Zeichen dafür. Dadurch sind die oligtrophen Gewässer sehr selten und als Gebiete von höchster Schutzwürdigkeit anzusehen.

Verlandung
Die Eutrophierung der Gewässer bewirkt zugleich deren Verlandung: Das allmähliche Auffüllen des Gewässers mit zu Boden sinkenden toten, nicht vollständig abgebauten Pflanzen- und Tierresten sowie Einschwemmungen von außen führen im Laufe der Zeit zu einer ständigen Verkleinerung des Volumens. Kleinste Gewässer verschwinden eines Tages völlig, bei etwas größeren kommt es zur Bildung eines Bruchwaldes und/oder zur Entstehung eines Flachmoores. Mit Ausnahme der größeren, tieferen Seen rückt dabei die Uferlinie mit dem Röhrichtgürtel immer weiter zur Seemitte hin. Je kleiner, flacher und eutropher ein Gewässer ist, desto schneller schreitet die Verlandung voran.

Bezüglich der Wasserqualität unterscheidet man 4 Güteklassen, die sich anhand typischer Indikatorarten identifizieren lassen. Das sind Tiere und Pflanzen, deren Auftreten eng an bestimmte Umweltfaktoren, etwa den Verschmutzungsgrad eines Gewässers, gebunden ist. Im Gegensatz zu chemischen Untersuchungen, die immer nur eine Momentaufnahme des aktuellen Zustands sein können, gibt diese biologische Beurteilung ein die durchschnittliche Wasserqualität darstellendes, auf einen längeren Zeitraum bezogenes Bild ab, ohne jedoch genaue Meßdaten liefern zu können.

Gewässergüte

Wassergüteklassen
Entwickelt wurde das System der Wassergüteklassen in Verbindung mit 4 „Saprobiestufen" für Fließgewässer. Saprobien

Seite 40:
Alle Kleingewässer sind einer mehr oder weniger raschen Verlandung ausgesetzt, die durch das Wachstum der Pflanzen verursacht wird. Größe und Tiefe der Wasserfläche schrumpfen in der Folge zusammen, wenn der Mensch nicht eingreift. Besonders verlandungsfördernd ist neben dem Schilf der Breitblättrige Rohrkolben im Vordergrund.

Mäßig verunreinigtes Wasser, also die noch recht gute Wassergüteklasse II, zeigt die Teichmummel oder Gelbe Teichrose an.

sind Organismen, die nur bei einem bestimmten Grad organischer Verschmutzung auftreten. Während sich beim Fließgewässer im Anschluß an eine Abwassereinleitung und der fortschreitenden Selbstreinigung entsprechend die verschiedenen Zonen verbessernder Wassergüte nebeneinander beobachten lassen, liegen in stehenden Gewässern diese Zonen nicht neben-, sondern übereinander. Abgesehen davon, daß hier andere Saprobien als in den Fließgewässern vorkommen, erschwert die räumliche Nähe der Zonen die Feststellung der Wassergüte.

Bei stehenden Gewässern werden die Saprobiestufen bzw. Wassergüteklassen, denen jeweils leicht zu identifizierende Leitarten zugeordnet sind, folgendermaßen gekennzeichnet, wobei es zwischen den Stufen alle Übergänge gibt (in Anlehnung an Kabisch & Hemmerling 1982):

1. Oligosaprobe Stufe (Wassergüteklasse I): Nicht oder kaum verunreinigtes Wasser. Sie stellt das Optimum der Reinheit dar bei gleichzeitiger Nährstoffarmut sowie einer geringen Arten- und Individuenzahl. Zu finden ist Wassergüteklasse I nur in Hochgebirgs- und wenigen tiefen Flachlandseen. Typische Leitorganismen sind:
   Wechselblütiges Tausendblatt (Myriophyllum alternifolium)
   Glanz-Laichkraut (Potamogeton nitens)
   Mittelgroßes Nixenkraut (Najas intermedia)
   Buntflossenkoppe (Cottus poecilopus)

2. β-mesosaprobe Stufe (Wassergüteklasse II): Mäßig verunreinigtes Wasser, das reich an Sauerstoff und kaum getrübt ist. Höchster Artenreichtum, Optimalzustand der Weiher. Leitorganismen:
   Große Teichmummel (Nuphar lutea)
   Wassernuß (Trapa natans)
   Wasserstern (Callitriche spec.)
   Schwimmendes Laichkraut (Potamogeton natans)
   Spitzhornschnecke (Lymnaea stagnalis)
   Dreiecksmuschel (Dreissena polymorpha)
   Plötze (Rutilus rutilus)
   Flußbarsch (Perca fluviatilis)

3. α-mesosaprobe Stufe (Wassergüteklasse III): Stark verunreinigtes Wasser, wie es viele Tümpel, Fischteiche, Dorf- und Zierteiche mit Wassergeflügel aufweisen. Stark schwankender Sauerstoffgehalt, tagsüber durch Photosynthese der zahlreichen Algen oft hoch. Leitarten:
   Gemeines Hornkraut (Ceratophyllum demersum)

Kammlaichkraut *(Potamogeton pectinatus)*
Großer Wasserfloh *(Daphnia magna)*
Gemeiner Wasserfloh *(Daphnia pulex)*
Tümpel-Wasserfloh *(Moina brachiata)*
Wasserassel *(Asellus aquaticus)*

4. Polysaprobe Stufe (Wassergüteklasse IV): Sehr stark ver-
unreinigtes Wasser, vor allem dort, wo Abwässer, Jauche
u. ä. eingeleitet werden. Freier Sauerstoff fehlt fast völlig,
Reduktions- und Spaltungsprozesse durch Bakterien über-
wiegen, viele bakterienfressende Geißel- und Wimpertier-
chen. Leitarten:
Schwefelbakterien *(Chromatium spec., Beggiatoa spec.)*
Nierentierchen *(Colpidium colpoda)*
Kleinmäuliges Glockentier *(Vorticella microstoma)*
Teleskop-Rädertier *(Rotaria neptunia)*
Schlammröhrenwurm *(Tubifex tubifex)*
Schlammfliegenlarve *(Eristalis tenax).*

Wasservögel
Hinweise auf die Gewässergüte kann auch schon das Vorkommen der Wasservögel geben: Die verschmutzten Gewässer (Güteklassen III und IV) sind sehr reich an Arten und
Individuen; vor allem Allesfresser und die sich von der Fauna
der Schlammböden ernährenden Arten wie Schwimmenten,
Möwen und Watvögel halten sich dort auf. An den sauber-
sten Gewässern der Güteklasse I dagegen trifft man auf
Fischfresser wie Graureiher, Kormoran und die Lappentau-
cherarten (vor allem Haubentaucher).

Betrachtet man die Pflanzen in und vor allem an den stehenden Gewässern, so fällt auf, daß nur in seltenen Fällen eine
einzige Art in Reinbeständen wächst. Selbst zwischen den
Pflanzen eines breiten Schilfgürtels lassen sich bei genauem
Hinsehen meist noch einzelne Exemplare anderer Pflanzenarten feststellen. Botaniker sprechen von Pflanzengesellschaften, weil es immer wieder charakteristische Artenkom-
binationen sind, die bei entsprechenden Standortbedingungen gemeinsam wachsen.
Bei den Kleingewässern sind die folgenden Klassen bzw. Ord-
nungen die wichtigsten; die angegebenen Arten kommen
dabei kaum alle gemeinsam an einem Standort vor, sondern
sind lediglich typische Vertreter verschiedener Gesellschaften der entsprechenden Gruppe:

**Pflanzen wachsen
in Gesellschaften**

Artenarm ist die Pflanzengesellschaft der Wasserlinsendecken, hier abgebildet die häufigste Art, die Kleine Wasserlinse.

Wasserlinsen-Gesellschaften, die im freien Wasser wurzeln, relativ artenarm sind und mehr oder weniger dichte Decken meist auf eutrophen Gewässern bilden. Charakteristische Arten: Vielwurzelige Wasserlinse *(Spirodela polyrhiza),* Dreifurchige, Kleine und Bucklige Wasserlinse *(Lemna trisulca, L. minor, L. gibba),* Schwimmfarn *(Salvinia natans)* und Kleinsternlebermoos *(Riccia fluitans).*

Froschbiß-Krebsscheren-Gesellschaften im Tiefland als typische Verlandungszeiger mit Krebsschere *(Stratiotes aloides),* Froschbiß *(Hydrocharis morsus-ranae)* und zum Teil Gemeinem Wasserschlauch *(Utricularia vulgaris).*

Unterwasser-Laichkraut-Gesellschaften mit Glänzendem, Durchwachsenblättrigem und anderen Laichkrautarten *(Potamogeton lucens, P. perfoliatus),* Wasserpest *(Elodea*

Die Froschbiß-Krebsscheren-Gesellschaften sind selten. Im Bild dominiert die Krebsschere, die nur im Frühsommer mit ihren Blattspitzen über die Wasseroberfläche hinausragt, während sie sonst tiefer im Wasser schwebt. Dazwischen sind einzelne kleine Blätter des Froschbisses zu erkennen, einer Schwimmblattpflanze.

canadensis) und anderen weitestgehend untergetaucht in 0,3 bis maximal 2,5 m Tiefe wachsenden Arten, die man meist nur entdeckt, wenn man hinausschwimmt.

Schwimmblattpflanzen-Gesellschaften mit Seerose *(Nymphaea alba),* Gelber Teichmummel *(Nuphar lutea),* Schwimmendem Laichkraut *(Potamogeton natans),* Wasserknöterich *(Polygonum amphibium),* Seekanne *(Nymphoides peltata),* Wasserhahnenfuß *(Ranunculus aquatilis)* u.a.

Röhricht-Gesellschaften mit Breit- und teils auch Schmalblättrigem Rohrkolben *(Typha latifolia, T. angustifolia),* Teichbinse *(Schoenoplectus lacustris),* Ästigem und Einfachem Igelkolben *(Sparganium erectum* und *S. emersum),* Schilf *(Phragmites communis),* Rohrglanzgras *(Phalaris arundinacea),* Pfeilkraut *(Sagittaria sagittifolia),* Froschlöffel *(Alisma plantago-aquatica),* Wasserschwaden *(Glyceria maxima),* Wasserschwertlilie *(Iris pseudacorus)* und Wasserminze *(Mentha aquatica);* an austrocknenden Tümpeln auch Wasserfenchel *(Oenanthe aquatica)* und Wasserkresse *(Rorippa amphibia).*

Großseggen-Riede im Übergangsbereich zwischen Wasser und Land – vor allem an den flachen Ufern der Teiche und Weiher sowie besonders in den Tümpeln – mit dichten Rasen der Schnabelsegge *(Carex rostrata),* der lockere Rasen bildenden Spitzsegge *(Carex gracilis),* der Sumpfsegge *(Carex acutiformis)* oder der Ufersegge *(Carex riparia)* bzw. anderen Seggenarten, zusammen mit Arten wie Schlammschachtelhalm *(Equisetum fluviatile),* Sumpfblutauge *(Potentilla palustris),* Flatterbinse *(Juncus effusus),* Blutweiderich *(Lythrum salicaria),* Sumpfdotterblume *(Caltha palustris),* Flammen-

Seite 45:
Pflanzen 3 verschiedener Zonen auf einen Blick: Unter Wasser sind die frei schwimmenden und wurzellosen Triebe des Rauhen Hornblattes zu erkennen, darüber die Blätter des Schwimmenden Laichkrauts und rechts der Beginn des Röhrichtgürtels mit dem Breitblättrigen Rohrkolben.

dem und Kriechendem Hahnenfuß *(Ranunculus flammula* und *R. repens).*

Zweizahn-Ufersäume am Ufer von Tümpeln, Teichen und Talsperren, die sich vor allem auf trockengefallenen Schlamm- und Sandflächen entwickeln, mit Nickendem und Dreiteiligem Zweizahn *(Bidens cernua* und *B. tripartita),* Wasserpfeffer *(Polygonum hydropiper),* Kleinem Knöterich *(Polygonum minimus),* Sumpfkresse *(Rorippa islandica),* Kriechendem und Gift-Hahnenfuß *(Ranunculus repens* und *R. sceleratus),* Sumpfampfer *(Rumex palustris)* und anderen.

Zonierung der Pflanzen am Ufer

Die genannten Pflanzengesellschaften charakterisieren jeweils ganz bestimmte Standorte: Die Wasserlinsen-Gesellschaften gedeihen im freien Wasser, die Unterwasser-Laichkraut-Gesellschaften auf dem noch ausreichend belichteten Gewässergrund, die Gesellschaften der Schwimmblattpflanzen im flacheren Wasser, die der Röhrichte unterhalb der Uferlinie, die der Großseggenriede sowie – soweit vorhanden – die Zweizahn-Uferfluren an und über der Uferlinie (s. Abb. Seite 46).

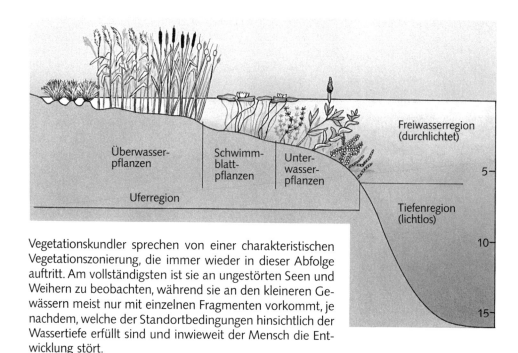

Überwasser-
pflanzen

Schwimm-
blatt-
pflanzen

Unter-
wasser-
pflanzen

Uferregion

Freiwasserregion
(durchlichtet)

5—

Tiefenregion
(lichtlos)

10—

15—

Vegetationskundler sprechen von einer charakteristischen Vegetationszonierung, die immer wieder in dieser Abfolge auftritt. Am vollständigsten ist sie an ungestörten Seen und Weihern zu beobachten, während sie an den kleineren Gewässern meist nur mit einzelnen Fragmenten vorkommt, je nachdem, welche der Standortbedingungen hinsichtlich der Wassertiefe erfüllt sind und inwieweit der Mensch die Entwicklung stört.

So wie sich die Wassertiefe auf das Vorkommen unterschiedlicher Pflanzengesellschaften in Kleingewässern auswirkt, so gibt es auch auf die Besiedlung der Kleingewässer durch Tiere wichtige Einflüsse. Viele davon wurden in den vorangegan-

Einflüsse auf die Tieransiedlung

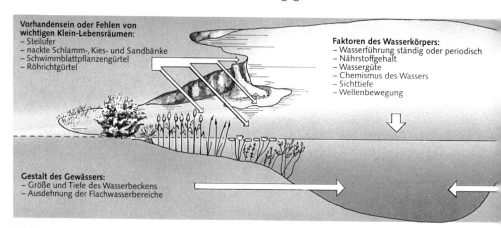

Vorhandensein oder Fehlen von wichtigen Klein-Lebensräumen:
– Steilufer
– nackte Schlamm-, Kies- und Sandbänke
– Schwimmblattpflanzengürtel
– Röhrichtgürtel

Faktoren des Wasserkörpers:
– Wasserführung ständig oder periodisch
– Nährstoffgehalt
– Wassergüte
– Chemismus des Wassers
– Sichttiefe
– Wellenbewegung

Gestalt des Gewässers:
– Größe und Tiefe des Wasserbeckens
– Ausdehnung der Flachwasserbereiche

Seite 46 (oben):
Zonierung der Pflanzen eines Kleinsees. Dem Weiher fehlt die lichtlose Tiefenzone, so daß der gesamte Gewässergrund von Pflanzen bewachsen sein kann.

Seite 46 (unten):
Faktoren der Besiedlung von Kleingewässern durch Tiere.

genen Abschnitten bereits angesprochen. Die Abbildung auf Seite 46 faßt die Einflußfaktoren noch einmal zusammen. Eine besondere Bedeutung kommt dabei dem Umland der Kleingewässer zu, die nie als isolierte Lebensräume betrachtet werden dürfen. Abgesehen von Störfaktoren wie Düngung angrenzender Flächen, Abwassereinleitung, direkte menschliche Störungen usw. wirkt auch die Struktur der umgebenden Lebensräume auf die Tierwelt von Kleingewässern. Vogelarten wie die meisten Watvögel, die Rohrsänger und Graureiher werden ringsum von Wald umgebene Weiher weitestgehend meiden, auch wenn sie dort günstige Lebensbedingungen vorfänden. Umgekehrt macht eine ausgeräumte Agrarlandschaft ohne jedes Gehölz den wandernden Amphibien ein ansonsten geeignetes Gewässer unattraktiv, weil sie keine Übersommerungs- und Überwinterungsmöglichkeiten außerhalb des Wassers finden. Auch wenn sie in ihrem Laichbiotop ungestört sind, kann eine stark befahrene Straße, die ihre Wanderwege schneidet, innerhalb weniger Jahre einen Amphibienbestand völlig auslöschen.

angrenzende Flächen:
– Nutzungsintensität
– räumliche Vernetzung:
  Entfernung und
  Verbindungen zu ähnlichen
  Lebensräumen

Sonstige Faktoren:
– Höhenlage
– Kontinentalität
– Windexposition

Einflüsse auf die Tieransiedlung

Pflanzen im Wasser

In diesem und den folgenden Kapiteln werden die häufigsten Pflanzen- und Tierarten der Kleingewässer vorgestellt. In geraffter Form sollen sie hinsichtlich ihrer Kennzeichen und Lebensraumansprüche, Häufigkeit und jahreszeitlichen Vorkommen charakterisiert werden. Der begrenzte Umfang dieses Buches erfordert dabei eine Auswahl der wichtigsten Arten.

Unter den im Wasser wachsenden Pflanzen lassen sich zwei Hauptgruppen unterscheiden:
- untergetaucht (submers) lebende Arten, die höchstens ihre Blattspitzen über die Wasseroberfläche schieben,
- Schwimmblattpflanzen, deren Blätter überwiegend auf der Wasseroberfläche schwimmen.

Die Röhrichtpflanzen werden im folgenden Kapitel behandelt.

Untergetaucht lebende Wasserpflanzen

Teichfaden Eine recht unauffällige Art dieser Gruppe ist der Teichfaden *(Zannichellia palustris)* mit schmalen, bis 50 cm langen Trieben und fast fadenförmig schmalen Blättern. Die kleinen grünen Blütchen sitzen in den Blattachseln; bestäubt werden sie per Wasserströmung. Der Teichfaden kommt mit mehreren Unterarten vor allem in nährstoffreicheren Gewässern vor, aber nicht sehr häufig.

Wasserpest Der aus Nordamerika eingeschleppte Neuling unserer Flora hat sich seit seiner Auswilderung in Berlin um 1840 in ganz Mitteleuropa überall stark ausgebreitet. Nachdem die Kanadische Wasserpest *(Elodea canadensis)* in den letzten Jahrzehnten fast überall wuchs, geht sie inzwischen aber wieder zurück. Ihre Kennzeichen sind lang flutende, stark verzweigte Stengel, an denen länglich-lanzettliche Blättchen jeweils zu dritt in einem Quirl sitzen. In Mitteleuropa kommen nur weibliche Pflanzen vor. Weil bei uns die Samen infolge fehlender Blütenbestäubung nicht reifen können, vermehrt sich die Wasserpest ausschließlich vegetativ, also über abgerissene Pflanzenteile, die schnell und fast überall wurzeln – der Stengel ist ausgesprochen brüchig. Zur Verbreitung tragen ganz wesentlich Wasservögel bei, die von

Zwischen den herausragenden Blattspitzen der Krebsschere schwimmen die Blätter der Gelben Teichrose, zu der auch die leuchtendgelben Blüten gehören.

einem zum anderen Gewässer fliegen und dabei ein Teil der Wasserpest mitschleppen.

Krebsschere Die auch als Wasseraloe *(Stratiotes aloides)* bezeichnete Pflanze kommt nur zerstreut vor. Wo sie aber einmal Fuß gefaßt hat, breitet sich die geschützte Art meist recht stark aus. Ihre Blattrosetten schweben untergetaucht im Wasser und steigen nur zur Blütezeit im Juni so weit auf, daß die Spitzen der scharf stachelig-gesägten, lanzettlichen und bis zu 45 cm langen Blätter ebenso wie die dreiblättrigen weißen Blüten aus dem Wasser herausschauen. Die Wassertiefe kann maximal 2 m betragen, die Gewässer sind meist kalkarm. Die Krebsschere kommt vor allem im nördlichen Teil Deutschlands vor, im Süden ist sie sehr selten zu finden. Sie vermehrt sich überwiegend durch Ausläufer. Auch sie ist zweihäusig mit männlichen und weiblichen Pflanzen.

Rauhes Hornblatt Recht häufig ist das Rauhe Hornblatt *(Ceratophyllum demersum)* zu finden, das bis zu 1 m lange Stengel mit Verzweigungen bildet. An beiden Pflanzenteilen sitzen starre, in 2 bis 4 schmale Zipfel zergliederte Blätter. Es wächst in 0,5 bis 10 m Tiefe (klares Wasser vorausgesetzt), bevorzugt nährstoffreichere Gewässer und humose Schlammböden. Es wird durch Wasservögel verbreitet.

Tausendblatt Ebenfalls nährstoffreiche Gewässer zeigen das Ährenblütige und das Quirlblütige Tausendblatt *(Myriophyllum spicatum* und *M. verticillatum)* an. An den bis zu 1,8 m langen Stengeln stehen meist 4 (Ährenblütiges Tausendblatt) bzw. 5 bis 6 Blätter (Quirlblütiges Tausendblatt), die tief zerfiedert sind. Beide kommen zerstreut bis ziemlich häufig in meist kalkreichen Gewässern vor.

Untergetaucht lebende Wasserpflanzen

Wasserfeder Selten ist die Wasserfeder *(Hottonia palustris)*, die kalkarme Gewässer mittleren Nährstoffgehaltes auf torfigen Böden besiedelt. Sie wird mit 10 bis 30 cm viel weniger groß als die beiden vorigen Arten, besitzt aber ebenfalls gefiederte Blätter. Ihr Blütenstand mit weißen oder rötlichen Blüten in traubigen Quirlen, der im Mai und Juni erscheint, durchstößt die Wasseroberfläche. Die Wasserfeder kommt vor allem im nördlichen Tiefland Deutschlands vor.

Wasserschlauch Als fleischfressende Pflanze fällt der Echte oder Gemeine Wasserschlauch *(Utricularia vulgaris)* auf: An seinen fein zergliederten Blättern stehen Fangblasen, in denen ein Unterdruck herrscht. Werden diese von einem vorbeischwimmenden kleinen Wassertier berührt, so springt eine „Klapptür" nach innen auf, das Tier wird hineingesogen und verdaut. Wurzeln fehlen dieser Art, die zerstreut in 10 bis 70 cm Wassertiefe in meso- bis eutrophen, meist kalkarmen Gewässern vorkommt. Seine goldgelben, 1,3 bis 2 cm langen, zweilippigen Blüten stehen zwischen Juni und September über der Wasseroberfläche und werden von Insekten bestäubt. Daneben gibt es bei uns 5 weitere, ebenfalls insektenfressende Arten, die jedoch wesentlich seltener sind.

Wasserstern Meist untergetaucht, teilweise aber auch auf dem Schlamm austrocknender Tümpel, wachsen die für den Laien kaum zu unterscheidenden Arten des Wassersterns *(Callitriche spec.)* mit je nach Milieu sehr unterschiedlicher Gestalt. Die Blätter der zierlichen Pflanzen sind verkehrteiförmig oder lineal geformt, gegenständig oder – auf dem Trockenen – an der Spitze der Triebe rosettig angeordnet.

Laichkräuter Die Laichkräuter vermitteln zwischen den untergetaucht lebenden und den Schwimmblattpflanzen. Sie besitzen grünliche, kleine Blüten, die zu kolbenartigen Blütenständen zusammengefaßt sind. Die 25 für den deutschen Raum nachgewiesenen Arten sind vor allem anhand der sehr verschieden gestalteten Blätter zu unterscheiden. Ganz untergetaucht leben

- das Glänzende Laichkraut *(Potamogeton lucens)* mit ovalen oder lanzettlichen, kurz gestielten und durchscheinenden Blättern,
- das Durchwachsene Laichkraut *(P. perfoliatus)* mit eiförmigen, am Grund den Stengel umfassenden Blättern,
- das Krause Laichkraut *(P. crispus)* mit wellig-krausen, durchscheinenden Blättern und vierkantigem Stengel,
- das Kleine Laichkraut *(P. pusillus)* mit extrem schmalen und linealen Blättern und

Zierliche Blüte eines Fleischfressers: Aus 2 Lippen ist die gelbe Blüte des Gemeinen Wasserschlauchs aufgebaut, der mit seinen teilweise zu Fangbehältern umgebauten Blättern unter Wasser kleine Organismen verdaut. Die Blätter ringsum gehören dem Schwimmenden Laichkraut.

Eine Wasser- und eine mit kürzeren Blattstielen und schmaleren Blättern ausgestattete Landform bildet der rosafarben blühende Wasserknöterich.

– das Kammlaichkraut *(P. pectinatus)* mit ähnlich geformten Blättern, die sich durch ihre 3 hervorstehenden Blattadern unterscheiden.
Arten mit Schwimmblättern werden im folgenden Abschnitt genannt.

Schwimmblattpflanzen

Laichkraut In der Gruppe der Pflanzen mit auf der Wasseroberfläche schwimmenden Blättern ist aus der bereits genannten Familie der Laichkrautgewächse vor allem das Schwimmende Laichkraut *(Potamogeton natans)* zu nennen. Seine elliptischen, bis zu 12 cm langen und lederartigen Schwimmblätter bedecken oft die gesamte Wasserfläche kleinerer Gewässer. Der kriechende Wurzelstock verankert sich fest im Schlamm. Es kommt recht häufig in allen Höhenlagen vor allem in mesotrophen Gewässern vor.

Wasserknöterich Etwas ähnliche Schwimmblätter wie das Laichkraut zeigt der Wasserknöterich *(Polygonum amphibium)*, die jedoch nicht herzförmig, sondern länglich geformt sind. Er fällt von Mai bis September durch seine rosafarbenen, zu Scheinähren zusammengefaßten Blüten auf. An den Nährstoffgehalt stellt er überhaupt keine Ansprüche; er kommt in oligotrophen genauso wie in eutrophen Gewässern vor. Daneben ist er in einer Landform, deren Blätter nur noch kurz gestielt und nicht kahl, sondern behaart sind, auch auf trockenfallenden Teich- und Tümpelböden zu finden.

Froschbiß Nahezu kreisrund mit einem tief herzförmig ausgeschnittenen Grund sind die Blätter des Froschbiß *(Hydrocharis morsus-ranae)*, einer wärmeliebenden, zerstreut vor-

Windgeschützte Buchten und nährstoffreiches Wasser bevorzugt der Froschbiß mit seinen recht kleinen Schwimmblättern, die eine typische Form aufweisen.

kommenden Art der nährstoff- und basenreichen Gewässer. Ihre zwischen Juni und August erscheinenden Blüten besitzen 3 weiße, gelb gefleckte Blütenblätter.

Wasserlinsen Die auch Entenflott genannten Pflanzen kennt jedes Kind. Am häufigsten ist die Kleine Wasserlinse *(Lemna minor)*: Jedes Pflänzchen ist mit nur einer Wurzel ausgestattet, die frei im Wasser hängt. Die rundlich-eiförmigen Pflanzen in meist nährstoffreichem Wasser sind beiderseits flach und grün und messen 1,5 bis 4 mm im Durchmesser.

Ebenfalls eine Wurzel weist die Dreifurchige Wasserlinse *(L. triscula)* auf, eine zerstreut in meso- bis eutrophen Gewässern lebende Art mit lanzettlich-spitzer, dreinerviger und 4 bis 10 mm großer Gestalt.

Ein Wurzelbüschel zeigt die zur selben Familie zählende Teichlinse *(Spirodela polyrhiza)*: Sie kommt zerstreut in windgeschützten, flachen Gewässern mit eutrophem Wasser vor, ist 3 bis 5 mm groß und unterseits meist rot gefärbt.

Seerose Auch die Weiße Seerose *(Nymphaea alba)* genießt einen recht hohen Bekanntheitsgrad: Ihre großen, rundlichen Schwimmblätter und vor allem die bis 14 cm messenden Blüten (rosafarbene Blüten kennzeichnen angepflanzte Zuchtformen) erlauben keine Verwechslungen. Sie wurzelt im bis zu 3 m tiefen Wasser im Boden und bildet vielfach einen dem Röhricht vorgelagerten Gürtel. Die Art ist geschützt.

Teichrose Etwas häufiger ist die Gelbe Teichrose oder Mummel *(Nuphar lutea)* zu finden, und zwar auf eu- bis mesotrophen, bis 2 m tiefen Gewässern besonders des nördlichen und östlichen Deutschlands. Sie kommt auch mit weniger Nährstoffen als die Seerose klar und unterscheidet sich von ihr vor allem durch die kleineren, leuchtendgelben Blüten und stärker in die Länge gezogenen Blätter.

Wasserhahnenfuß Submerse und schwimmende Blätter völlig unterschiedlicher Gestalt bildet der Wasserhahnenfuß *(Ranunculus aquatilis)* an ein und derselben Pflanze aus – eine Art, die häufig übersehen wird und zur Blütezeit bis zu 10 cm aus dem Wasser herausragt: Unter Wasser sind die Blätter in zahlreiche Zipfel zergliedert, die in alle Richtungen abstehen, über Wasser besitzen sie Nieren- bis Halbkreisform mit gezähntem Rand. Die weiße Blüte mit bis zu 2 cm Durchmesser, die zwischen April und September erscheint, verblüht sehr schnell.

Pflanzen der Uferzone und Tümpel

Die Pflanzen dieser Lebensräume lassen sich unterteilen in die Gruppe der Röhricht- und halbuntergetauchten Arten sowie Spezies auf nassen Böden entweder direkt am Ufer oder auf dem Schlamm austrocknender Tümpel und Teichränder.

Röhrichtarten und halbuntergetauchte Pflanzen

Froschlöffel   Der Gemeine Froschlöffel *(Alisma plantago-aquatica)* fällt durch seine grundständigen großen, ovalen und am Grund gerundeten Blätter sowie durch seinen Blütenstand mit vielen, 8 bis 10 mm messenden weißen Blütchen auf. Die Staude kann bis zu 110 cm hoch werden und ist ziemlich häufig im Röhricht und entlang der Ufer der verschiedensten meso- bis eutrophen Gewässer zu finden. Seltener und ähnlich ist der Lanzettliche Froschlöffel *(A. lanceolata)*, der nur halb so groß wird und lanzettliche Blätter sowie rosafarbene Blüten besitzt.

Pfeilkraut   Das Gewöhnliche Pfeilkraut *(Sagittaria sagittifolia)* ist sofort an den großen, tief pfeilförmig eingeschnittenen Blättern zu erkennen. Die 20 bis 100 cm hohe Pflanze blüht zwischen Juni und August mit weißen, am Grund rötlichen

Links:
An seinen pfeilförmigen oberen Blättern ist das Gewöhnliche Pfeilkraut zu erkennen. Die beliebte Gartenteichpflanze verträgt kalte Winter nicht, daher ist sie in Norddeutschland häufiger als im Süden.

Rechts:
Wärme im Sommer liebt die Schwanenblume, die durch ihren rosafarbenen Blütenstand sofort auffällt.

Blüten und bevorzugt basen- und nährstoffreiche Gewässer mit humosen, sandigen oder schlammigen Böden von der Ebene bis in mittlere Gebirgslagen.

Schwanenblume Ein doldiger, weit über 1 m hoch werdender Blütenstand mit rosafarbenen Blüten sowie eine grundständige Blattrosette mit dreikantigen, an Seggen erinnernden Blättern sind die Kennzeichen der überwiegend seltenen Schwanenblume *(Butomus umbellatus)*, die wegen ihrer Schönheit oft ausgegraben wird. Sie kommt als Pionierpflanze auf schlammigen und nährstoffreichen Böden besonders bei stark wechselndem Wasserstand vor. Sie blüht zwischen Juni und August. Ihre Seltenheit bei uns liegt vor allem in dem Wärmebedürfnis der Art begründet.

Rohrkolben Unverwechselbar sind die dekorativen und bis zu 2,5 m hohen Blütenstände des Breitblättrigen Rohrkolbens *(Typha latifolia)*. Der dicke, samtigbraune untere Teil des Kolbens wird von unzähligen weiblichen Blüten gebildet; darüber sitzen die männlichen Blütenorgane. Der Rohrkolben ist eine der wichtigsten Röhrichtarten, der durch seine große Menge an Jahr für Jahr produzierter und im Herbst absterbender Pflanzensubstanz rasch zur Verlandung beiträgt. Über seine kriechenden Wurzelsprossen, die sich in 50 cm Wassertiefe optimal entwickeln, und die weit fliegenden Samen vermehrt er sich rasant.

Selten ist sein Verwandter, der Schmalblättrige Rohrkolben *(T. angustifolia)*, zu finden, der warme Gewässer bevorzugt. Seine Kennzeichen: Die Blätter sind mit 4 bis 10 mm nicht einmal halb so breit, der männliche Blütenstand ist vom weiblichen Teil abgesetzt.

Igelkolben Mit 30 bis 60 cm Höhe ist der Igelkolben deutlich kleiner und zeigt auch einen ganz anderen Blütenstand. Die häufigere Art ist der Ästige Igelkolben *(Sparganium erectum)*, und doch wird er infolge seiner im Vergleich zu anderen Röhrichtarten geringen Größe und der grünen Blütenstände oft übersehen. Die männlichen Blütenköpfe im oberen Teil des verzweigten Blütenstands sind rund und kleiner als die darunter sitzenden weiblichen, zur Fruchtreife igelig-stacheligen Köpfchen.

Seltener und eher in schwach fließenden Gräben vorkommend, unterscheidet sich der Einfache Igelkolben *(S. emersum)* durch seine unverzweigten Blütenstände. Die Samen beider Arten schwimmen auf dem Wasser und hängen sich dem Fell und Gefieder von Tieren an, um verbreitet zu werden.

Links:
Ein häufiger Röhrichtbewohner ist der Ästige Igelkolben. Seine grünlichen Blütenstände und seine geringe Größe von maximal 60 cm lassen ihn im Gewirr anderer Pflanzen recht unscheinbar wirken.

Rechts:
Dekorative Blüten lenken die Aufmerksamkeit auf die Wasserschwertlilie. Ihre breiten und dicken Blätter fallen das ganze Jahr durch die hervorstehende Mittelrippe auf.

Schwertlilie   Die Wasser- oder Gelbe Schwertlilie *(Iris pseudacorus)* zeigt zwischen Mai und Juli ihre großen, aus 6 Blütenblättern aufgebauten, leuchtend gelben Blüten. Aber auch sonst ist sie durch die 10 bis 30 mm breiten Blätter mit ihrer hervorstehenden Mittelrippe unverkennbar. Die Samen reifen in dicken, schweren Kapseln und werden schwimmend auf dem Wasser und fliegend durch den Wind verbreitet.

Fieberklee   Der Fieberklee *(Menyanthes trifolia)* erhielt seinen Namen von seinen kleeartig dreizähligen Blättern, obwohl er nicht zu den Kleegewächsen zählt, sondern zusammen mit der seltenen gelbblühenden, rundblättrigen Seekanne *(Nymphoides peltata)* eine eigene Familie bildet. Der Fieberklee, auch an seinen weißen und rosafarbenen gefransten Blüten zu erkennen, bevorzugt verlandende torfige Gewässer mit mittlerem Nährstoffgehalt.

Teichbinse   Die zu den Sauergräsern zählende Teich- oder Seebinse oder -simse *(Schoenoplectus lacustris)* bildet bis zu 3 m hohe Horste. An der Spitze ihres stielrunden Stengels steht ein rispenartiger, teils geknäuelter Blütenstand. Der Verlandungspionier auf nährstofffreien Schlammböden ist in allen Höhenlagen zu finden, vor allem aber in Küstennähe.

Wasserschwaden Zu den Süßgräsern dagegen rechnet man den Großen oder Wasserschwaden *(Glyceria maxima)*, eine gelbgrüne Staude, die im Juli und August ihre bis 2 m hohen Blütenhalme zeigt, an deren Spitze eine bis 50 cm lange Rispe mit vielen zierlichen Ästchen und Ährchen sitzt. Die Blätter des Schwadens, der vor allem unter 500 m Meereshöhe vorkommt, sind 1 bis 2 cm breit.

Schilf Die wohl wichtigste Röhrichtart aber ist das Schilf *(Phragmites communis)* mit 1 bis 3 cm breiten Blättern, bis zu 4 m Höhe und einer bis zu 40 cm langen Rispe, die braunviolett überlaufen sein kann. Es ist ein Kosmopolit, also eine Pflanzenart, die in allen Erdteilen vorkommt. Auch Schilf liebt Nährstoffreichtum und kann durch Fördern der Verlandung die Uferlinie eines Gewässers pro Jahr um bis zu 1 m vorverlegen.

Rohrglanzgras Ähnlich, aber mit 50 bis 200 cm Höhe in der Regel deutlich kleiner, ist das Rohrglanzgras *(Phalaris arundinacea)* mit nur 8 bis 15 mm breiten Blättern. Ein ganz sicheres Unterscheidungsmerkmal: Das Blatthäutchen, das in dem Winkel zwischen Halm und Blatt liegt, ist 8 mm lang und besitzt keine Haarreihe, die das Schilf an dieser Stelle ziert.

Das Schilf als meist wichtigste Röhrichtpflanze bildet oft hektargroße Bestände, in denen nur wenige andere Arten vorkommen. Wo es einmal Fuß gefaßt hat, breitet es sich meist rasant aus.

Schachtelhalm Der Schachtelhalm erhielt seinen Namen wegen seines förmlich schachtelartig ineinandergesteckten Aufbaus. 2 Arten sind von Bedeutung:

Der Sumpf-Schachtelhalm *(Equisetum palustre)* mit neun- bis zwölfkantigem Stengel und 5 bis 10 schwarzweißen Zähnen an den Übergängen von einer zur anderen „Schachtel" ist häufig anzutreffen.

Der Teich- oder Schlammschachtelhalm *(E. fluviatile)* mit glattem, nur fein gerieftem Stengel mit 15 bis 20 Zähnen kommt nur zerstreut vor.

Binsen Die Binsen, gekennzeichnet durch runde Stengel – die ebenfalls zu den Sauergräsern zählenden Seggen besitzen zumeist dreikantige Stengel und durch Kieselsäureausscheidungen rauhe Blätter –, sind am häufigsten durch die 30 bis 100 cm hohe Flatterbinse *(Juncus effusus)* vertreten. Sie besitzt einen glatten, grünen und ein weißes Mark enthaltenden Stengel sowie halmähnliche Blätter. Am Stengel sitzt zwischen Juni und August eine lockere, braune Blütenrispe.

Diese ist bei der ähnlichen, 30 bis 60 cm hohen Knäuelbinse *(J. conglomeratus)* zu einem knubbelig dicht sitzenden, geschlossenen Blütenstand zusammengezogen.

Uferpflanzen und Pflanzen nasser Böden

Mit 10 bis 50 cm Höhe ist die Glanz- oder Gliederbinse (*J. articulatus*) in der Regel deutlich kleiner, zugleich besitzt sie eine andere Gestalt: Eine reich verzweigte, sparrig auseinander stehende Blütenrispe bildet das Ende des Halms. Ein noch typischerer Pionier auf trocken gefallenen Teich- und Tümpelböden ist die Krötenbinse (*J. bufonius*), die zuweilen massig in dichten Rasen auftritt. Bei genügend Feuchtigkeit wird sie bis zu 30 cm hoch, bei Trockenheit bildet sie nur wenige Zentimeter hohe, schwache Exemplare. Der niederliegende oder aufsteigende, zarte und runde, meist hellgrüne Halm trägt zwischen Juni und Oktober eine sehr lockere Rispe mit gabeligen Ästen; die einzeln stehenden, kurzgestielten Blütchen sind mit bis zu 5 mm Länge verhältnismäßig groß.

Seggen Unter den Seggen gibt es eine für den Laien kaum überschaubare Vielfalt. 3 Arten kommen am Rande von Kleingewässern am häufigsten vor:

Die Sumpfsegge (*Carex acutiformis*) mit scharf dreikantigem Stengel und einem aus mehreren ährenartigen, walzenförmigen Blütenrispen zusammengesetzten Blütenstand (oben die männlichen, darunter die anders gestalteten, dunkelbraun und grün gescheckten weiblichen Blüten) wird 40 bis 100 cm hoch.

Die etwas ähnliche Schnabelsegge (*C. rostrata*) wird nicht ganz so groß, wächst in Horsten und unterscheidet sich vor allem durch einfarbig gelbliche bis grünolive weibliche Blüten.

Die Rispensegge (*C. paniculata*) mit stumpf dreikantigem Stengel wächst in dichten Horsten und entwickelt eine locker zusammengezogene Blütenrispe, die weißlichbraun glänzt.

Alle 3 Arten blühen vorwiegend im Mai und Juni.

Wasserpfeffer Ein typischer Besiedler trockenfallender Schlammböden ist der Wasserpfeffer (*Polygonum hydropiper*), der zu den Knöterichgewächsen zählt. Seinen Namen erhielt er wegen seines pfefferartigen Geschmacks; er gilt jedoch als mäßig giftig, so daß von seinem Genuß abzuraten ist. Seine Kennzeichen: schmale, lanzettliche Blätter, 20 bis 60 cm Größe und kleine, grüne bis rötliche Blüten, die zwischen Juni und September zu sehen sind. Er bevorzugt meso- bis eutrophe Standorte im Halbschatten.

Hahnenfuß Gelbe Blüten mit 5 Blütenkronblättern zeigen die 3 typischen Hahnenfußarten:

Der Scharfe Hahnenfuß (*Ranunculus acris*) mit kräftig gelb gefärbten Blüten besitzt 5- bis 7teilige, handförmige, im

Umriß oft rundliche Grundblätter, deren mittlerer Abschnitt im Gegensatz zu den anderen Arten nicht gestielt ist; er blüht von April bis Oktober.

Auffallend kleine, hellgelbe Blüten und dicke, teils kantige Stengel charakterisieren den Gifthahnenfuß *(R. sceleratus)*, dessen Blätter stumpf gelappt sind.

Der Brennende Hahnenfuß *(R. flammula)* unterscheidet sich auf den ersten Blick durch lanzettliche bis elliptische, nur etwas gezähnte Blätter.

Die beiden letztgenannten Arten blühen von Juni bis Oktober und sind besonders typische Schlammbodenpioniere.

Sumpfdotterblume Deutlich größer ist die ebenfalls zu den Hahnenfußgewächsen zählende Sumpfdotterblume *(Caltha palustris)*, eine an sich für Sumpfwiesen charakteristische Art. Ihre Blätter sind herz- bis nierenförmig, dunkelgrün und oberseits glänzend; sie blüht von Ende März bis Mai, teils auch bis in den Sommer.

Sumpfkresse Die Sumpfkresse, ein gelb blühender Kreuzblütler mit 4 Blütenblättern, kommt vor allem mit 3 Arten vor:

Am häufigsten ist die Gewöhnliche Sumpfkresse *(Rorippa palustris)* mit blaßgelben Blüten, fiederspaltigen Blättern und 15 bis 20 cm Größe.

Die Wilde Sumpfkresse *(R. silvestris)* wird 15 bis 40 cm groß, hat stärker zerschnittene Blätter und sattgelbe Blüten.

Die nur zerstreut vorkommende Wassersumpfkresse *(R. amphibia)* mit niederliegendem oder aufsteigendem Wuchs weist sehr verschiedene Blattgestalten von ungeteilt bis fiederschnittig in Größen von 30 bis 100 cm auf.

Alle 3 Arten sind bevorzugt auf feuchten Schlammböden zu finden.

Wassernabel Zu den Doldenblütlern rechnet man den Wassernabel *(Hydrocotyle vulgaris)*, der auf sumpfigen Flächen und an Ufern wächst. Der Stengel kriecht bis zu 60 cm weit über den Boden. Typisch sind die schildförmigen, gekerbten bis schwach gelappten Blätter, die mit langen Stielen einzeln an dem niederliegenden Stengel stehen. Die unscheinbaren, rötlichweißen Blütchen erscheinen zwischen Juni und August.

Tausendgüldenkraut Das Zierliche oder Kleine Tausendgüldenkraut *(Centaurium pulchellum)*, ein Enziangewächs mit fleischroten Blüten, spitzen und ganzrandigen Blättern, besiedelt neben Salzwiesen vor allem Ufer und nasse Wege wie Wagenspuren, vor allem in Kalk- und Lehmgebieten.

Pionierpflanzen
Arten, die neu enstehende Flächen wie beispielsweise Erdaufschüttungen, Brachäcker oder auch trockengefallene Teich- und Tümpelböden besiedeln, sind sogenannte Pionierpflanzen oder Erstbesiedler. Sie müssen zwar mit recht extremen Umweltbedingungen wie starker Sonneneinstrahlung und Trockenheit zurechtkommen, zugleich fehlt aber die Konkurrenz durch andere Arten. Im Laufe der Zeit siedeln sich – solange der Mensch nicht eingreift oder der Teichboden wieder überschwemmt wird – immer neue Pflanzen an, die die Pionierarten schließlich verdrängen. Eine solche Entwicklung bezeichnet man als Sukzession.

Links:
Eine charakteristische Pflanze der Ufer und zugleich der Feuchtwiesen ist die Sumpfdotterblume, die schon ab Ende März gelbe Farbtupfer in die Landschaft bringt.

Rechts:
Leuchtendrote Blüten zieren den Blutweiderich, der den ganzen Sommer über blüht. Auch er ist eine typische Röhrichtart, die daneben auch in Gräben vorkommt.

Strandling   Teils am Ufer, teils unter Wasser wächst der Strandling *(Litorella uniflora)*, der die Nährstoffarmut oligo- bis mesotropher Gewässer bevorzugt. Die 2 bis 12 cm kleine Staude besitzt grundständige, binsenförmige Blätter und weißliche Blüten mit weit herausragenden Staubbeuteln, allerdings meist nur bei der Landform. Infolge der Seltenheit nährstoffarmer Gewässer ist auch der Strandling nicht häufig zu finden.

Sumpfruhrkraut   Feuchte, zeitweise auch überschwemmte Lehm- und Tonböden besiedelt das Sumpfruhrkraut *(Gnaphalium uliginosum)*, ein grau- bis weißfilziger Korbblütler mit spatelig-linealen Blättern und zwischen Juni und Oktober erscheinenden, nur aus gelblichbraunen Röhrenblüten bestehenden Blütenständen.

Zweizahn   Vor allem am Rande siedlungsnaher und oft verschmutzter Gewässer kommt der Dreiteilige Zweizahn *(Bidens tripartia)* mit 3 teiligen, gezähnten Blättern, geflügelten Blattstielen und zwischen Juli und Oktober meist nur gelbe Röhrenblüten enthaltenden Blütenständen vor. Etwas seltener ist der Nickende Zweizahn *(B. cernuus)* mit ungeteilten, lanzettlichen und sitzenden Blättern, meist ebenfalls mit Strahlenblüten und nickenden Blütenständen.

Beide Arten bevorzugen Nährstoffreichtum auf schlammigem Boden.

Mikroskopisch kleine Lebewesen: das Plankton

Die Wasserblüte erscheint als etwas Geheimnisvolles: Von heute auf morgen verfärbt sich das Wasser eines Teiches grün oder braun. Hohe sommerliche Temperaturen mit starker Sonneneinstrahlung und eine reichliche Nährstoffversorgung sind die Voraussetzungen für dieses Phänomen. Dahinter verbirgt sich nichts anderes als eine explosionsartige Massenvermehrung mikroskopisch kleiner Lebewesen, dem meist aus Einzellern bestehenden Plankton.

Für die Wasserblüte sind pflanzliche Einzeller verantwortlich, das sogenannte Phytoplankton: Bei einer hellgrünen Farbe des Wassers handelt es sich um Massen von Grünalgen, eine tiefgrüne Farbe verrät Geißelalgen, ein brauner Farbton Kieselalgen und ein schmutziges Blaugrün Blaualgen. Obwohl sie in großer Zahl nahezu alle Gewässer bevölkern, sieht man sie normalerweise nicht mit bloßem Auge. Erst die Massenvermehrung unter den geschilderten günstigen Lebensbedingungen macht sie sichtbar. Meist bricht der Bestand jedoch schon nach wenigen Tagen wieder zusammen.

Phyto- und Zooplankton

Als Plankton bezeichnet man all die Organismen, die sich schwebend im freien Wasser aufhalten und mit Strömungen hin- und hergetrieben werden. Ihre maximale Größe liegt bei etwa $1/2$ mm, die meisten Arten sind jedoch deutlich kleiner.

Plankton: Pflanzen und Tiere
Zum Plankton rechnen die Limnologen (Gewässerkundler) alle pflanzlichen und tierischen Organismen, die im Wasser schweben oder schwimmen. Ihre Eigenbewegungen reichen nicht aus, sich von der Wasserströmung unabhängig zu machen. Die meisten Arten sind mikroskopisch klein und fallen dem Beobachter mit bloßem Auge erst auf, wenn sie sich bei einer Wasserblüte in Massen vermehren. Das pflanzliche Plankton ist das Phytoplankton, das tierische das Zooplankton.

Unterscheiden lassen sich die Arten des pflanzlichen Phyto- und des tierischen Zooplanktons.

Wichtige Einzeller

Am wichtigsten sind die Einzeller, die sich teilweise zu Zellkolonien vereinigen, ohne jedoch ihre Eigenständigkeit aufzugeben; sie vermehren sich überwiegend durch Zellteilung mit oft rasanter Geschwindigkeit. Wer sich intensiver mit dieser ökologisch wichtigen Organismengruppe, die am Anfang unzähliger Nahrungsketten steht, beschäftigen will, wird um die Benutzung eines guten Mikroskops und spezieller Bestimmungsbücher nicht herumkommen.

Bakterien

Die Bakterien sind mit einer Größe von durchschnittlich 0,001 mm die kleinsten Einzeller und zugleich die kleinsten Organismen, die sich mit Hilfe eines Lichtmikroskops noch erkennen lassen. Sie kommen in allen Lebensmedien vor; bei ungünstigen Umweltbedingungen bilden sie Dauersporen, sogenannte Cysten, mit deren Hilfe die wasserbewohnenden Arten beispielsweise die monatelange Trockenheit eines Tümpels überdauern können. An ihren unterschiedlich geformten Zellen bilden sie oft zarte Geißeln. Als Reduzenten, die totes organisches Material am Gewässergrund zerlegen und die enthaltenen Nährstoffe für Pflanzen wieder „nutzbar" machen, schließen sie viele Kreisläufe im System der Gewässer.

Algen

Blaualgen (Cyanophyceen) sind niedrigere Vorstufen der eigentlichen Algen und sehr kleine Einzeller, die meist eine blaugrüne Färbung besitzen. Gerade sie fallen erst durch eine ungewöhnlich starke Massenentwicklung auf.

Grünalgen (Chlorophyceen) sind meist ein-, teils auch mehrzellige Formen in der Regel in grüner Färbung und sehr unterschiedlicher Gestalt.

Kieselalgen (Diatomeen), kugelig, bräunlich gefärbt und einzellig, unterscheiden sich von Grünalgen auch durch einen außen auf die Zellwand aufgelagerten harten Panzer aus Kieselsäure, der aus 2 Schalen zusammengesetzt ist.

Geißeltierchen, Geißelalgen

Als Wurzel des Pflanzen- und des Tierreiches gelten die Geißeltierchen bzw. -algen (Flagellaten). Eine oder mehrere Gei-

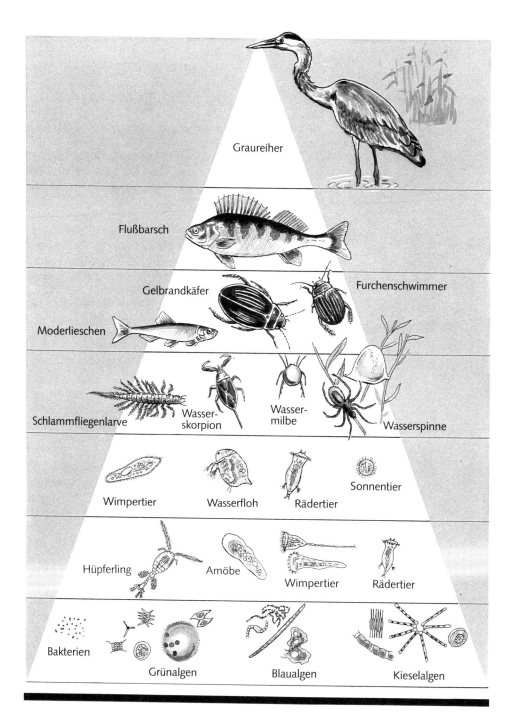

Graureiher

Flußbarsch

Gelbrandkäfer

Furchenschwimmer

Moderlieschen

Schlammfliegenlarve

Wasser-
skorpion

Wasser-
milbe

Wasserspinne

Wimpertier

Wasserfloh

Rädertier

Sonnentier

Hüpferling

Amöbe

Wimpertier

Rädertier

Bakterien

Grünalgen

Blaualgen

Kieselalgen

Mikroskopisch kleine Lebewesen: das Plankton

Seite 62:
Beispiel für eine Nahrungspyramide in einem Kleingewässer: An der breiten Basis stehen die sogenannten Primärproduzenten, die aus anorganischen Verbindungen mit Hilfe des Sonnenlichts organische Substanz aufbauen. Sie bilden die Stufe mit der größten Biomasse (das Gewicht der organischen Substanz). Die Primärproduzenten dienen den Konsumenten erster Ordnung in der nächsten Stufe als Nahrung, diese wiederum den Konsumenten zweiter Ordnung und so weiter. Die Biomasse der betreffenden Organismen nimmt von Stufe zu Stufe ab, wie die sich nach oben zuspitzende Pyramide verdeutlicht.

ßeln unterstützen ihre Fortbewegung und sind zugleich ein wichtiges Unterscheidungsmerkmal.

Bei den tierischen Einzellern, den sogenannten Protozoen, lassen sich vor allem 3 Gruppen unterscheiden:
– Geißeltierchen (Zooflagellaten) in einer Zwischenstellung zwischen Pflanze und Tier.
– Wurzelfüßler (Rhizopoden) und
– Wimpertierchen (Ciliaten).

Die Wurzelfüßler nehmen ihre Nahrung durch ein Umfließen und Umschließen auf; ihre bekanntesten Vertreter sind die Amöben, die Sonnentierchen (Heliozoen) und die Strahlentierchen (Radiolarien). Höher entwickelt und stärker differenziert sind die Wimpertierchen, die 2 Zellkerne und unter anderem zwecks leichterer Fortbewegung bewimperte Zellen besitzen. Zu ihnen zählt das Pantoffeltierchen *(Paramaecium)*, das eine dauernde Eigenform in der Gestalt einer Schuhsohle besitzt; der bis zu 0,3 mm große Organismus ist in jedem Heuaufguß in großer Zahl zu finden.

Wichtige Einzeller

Wirbellose – ein Heer vielfältiger Formen

Die wirbellosen Tiere in und an den Kleingewässern stellen ein vielfältiges Heer unterschiedlicher Formen dar, das nur von versierten Wissenschaftlern vollständig zu überschauen ist. Auch hier kann nur eine begrenzte Auswahl vorgestellt werden. Ausführlicher wird auf die Libellen eingegangen, die am stärksten die Aufmerksamkeit des Beobachters auf sich ziehen und zugleich relativ einfach zu bestimmen sind.

Libellen

Man unterscheidet 2 Unterordnungen: Die Kleinlibellen (Zygoptera) besitzen 2 gleichartig gestaltete Flügelpaare mit einem schmalen, stielartigen Ansatz. Mit Ausnahme der Binsenjungfern klappen sie die Flügelpaare in Ruhestellung nach hinten. Die Großlibellen (Anisoptera), deren Hinterflügel immer breiter als die Vorderflügel sind, halten ihre Flügel auch in Ruhestellung ausgebreitet.
Die Larven der Libellen leben räuberisch im Wasser und atmen durch Tracheenkiemen, die bei den Großlibellen geschützt im Enddarm liegen, während sie bei den Kleinlibellen offen als drei Anhänge am Hinterleibsende sitzen. Die Larven der Großlibellen sind zudem breiter und kräftiger gebaut.

Kleinlibellen
Von den Kleinlibellen sind 2 Familien an den stehenden Kleingewässern von Bedeutung: Teichjungfern und Schlanklibellen.

Teichjungfern
Winterlibelle Die erzbraun gefärbte Gemeine Winterlibelle *(Sympecma fusca)* überwintert als eine von nur 2 Arten Mitteleuropas als ausgewachsenes Tier und fliegt zwischen Juli und Mai – auch an sonnigen Wintertagen – in der Nähe von Waldrändern umher.
Binsenjungfer Die Gemeine Binsenjungfer *(Lestes sponsa)*

Die zierlichen Kleinlibellen legen ihre Flügel in Ruhestellung nach hinten. Das Bild zeigt das Weibchen einer Azurjungfer, dessen genaue Artzugehörigkeit nur schwer zu bestimmen ist. Die Azurjungfern zählen zur Familie der Schlanklibellen.

mit erzgrünem bis blauem Körper, die von Ende Juni bis September aktiv ist, erreicht an Moorgewässern ihre größte Häufigkeit.

Schlanklibellen

Aus der Familie der Schlanklibellen sind 4 Arten am weitesten verbreitet, deren Männchen blau mit mehr oder weniger starker schwarzer Zeichnung am Hinterleib gefärbt sind, während die Weibchen unscheinbar heller erscheinen.

Granatauge Das Große Granatauge *(Erythromma najas)* mit beim Männchen hellblauem, beim Weibchen gelbgrünem Körper ist von Mai bis August zu beobachten.

Pechlibelle Die Große Pechlibelle *(Ischnura elegans)* mit hell bläulicher bzw. beim Weibchen stark von Rotgelb über Blau bis Graugrün variierender zarter Färbung fliegt von Mai bis September.

Larven einer Kleinlibelle (links) und einer Großlibelle (rechts).

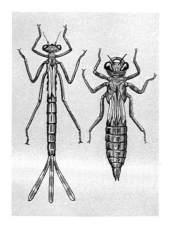

Azurjungfer Die Hufeisen-Azurjungfer *(Coenagrion puella)* fliegt von Mai bis August.

Die Fledermaus-Azurjungfer *(C. pulchellum)*, deren Männchen auf dem vorletzten Segment des Hinterleibs eine schwarze, an die Silhouette einer Fledermaus erinnernde Zeichnung aufweist, tritt zwischen Mai und Juli auf.

Die einzelnen Arten können im Feld nur schwer unterschieden werden.

Adonislibelle Eine ähnliche Gestalt, aber eine an die leuchtende Farbe des Adonisröschens erinnernde rote Färbung besitzt die ebenfalls zu den Schlanklibellen zu rechnende Frühe Adonislibelle *(Pyrrhosoma nymphula)*, die im Mai als eine der ersten auftritt und bis August zu beobachten ist.

Libellen

65

Eine der häufigsten Kleinlibellen ist die leuchtendrote Frühe Adonislibelle, die meist in unmittelbarer Wassernähe zu beobachten ist.

Großlibellen

Bei den Großlibellen haben wir es vor allem mit den Vertretern von 3 Familien zu tun: Edel-, Segel- und Falkenlibellen. Sie alle fallen schon durch den kräftigeren Körperbau auf.

Edellibellen

Mosaikjungfer Unter den sehr bunten Edellibellen ist die Blaugrüne Mosaikjungfer *(Aeshna cyanea)* die häufigste Art: Eine blaue, grüne und schwarze, fleckenreiche Musterung ist ihr Kennzeichen. Sie fliegt an allen Typen von Gewässern und teils auch weit entfernt davon auf Waldwegen und in Städten von Juli bis Oktober. Die zur gleichen Jahreszeit zu beobachtende und ähnliche Herbst-Mosaikjungfer *(A. mixta)* ist überwiegend blau und schwarz gemustert.

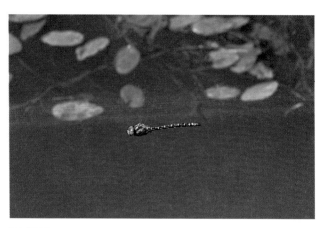

Auch weitab von Gewässern fliegt die Blaugrüne Mosaikjungfer umher, die wohl häufigste Großlibelle. Sie in der Ufervegetation sitzen zu sehen, braucht schon eine erhebliche Portion Glück – fast den ganzen Tag sind sie in der Luft.

Wirbellose – ein Heer vielfältiger Formen

Ausgebreitete Flügel auch in Ruhestellung – dies ist das typische Bild der Großlibellen. Der rote Körper kennzeichnet die Gemeine Heidelibelle.

Segellibellen

Unter den Segellibellen besitzen folgende Arten eine größere Verbreitung:

Vierfleck Der Vierfleck *(Libellula quadrimaculata)* mit im vorderen Teil gelbbraunem, hinten schwarzem Körper und jeweils einem schwarzen Fleck auf jedem der 4 Flügel ist von Mai bis Juli zu beobachten.

Plattbauch Der Plattbauch *(Libellula depressa)* bewohnt zur selben Zeit vor allem Kleingewässer. Männchen mit hellblauem, abgeplattetem, Weibchen mit bräunlichem Hinterleib.

Heidelibelle Die Blutrote Heidelibelle *(Sympetrum sanguineum)* mit blutrotem Hinterleib und schwarzen Beinen (Männchen) ist eine in Süddeutschland häufige, im Norden dagegen seltene Art. Sie kann von Juli bis September beobachtet werden.

Die umgekehrt im Norden Deutschlands häufige und von Juli bis November fliegende Gemeine Heidelibelle *(S. vulgatum)* hat eine ähnliche Färbung. Sie ist nur bei genauer Betrachtung von der Blutroten zu unterscheiden, am ehesten durch ein schwarzes Stirnband, das bei der Großen Heidelibelle an den Augen endet, bei der Gemeinen dagegen entlang der Augen abwärts verläuft.

Blaupfeil Das Männchen des Großen Blaupfeils *(Orthetrum cancellatum)* besitzt einen hellblauen Hinterleib, der aber schmaler ist als der des Plattbauchs. Der Blaupfeil fliegt von Mai bis August.

Falkenlibellen

Als dritte Familie sind die Falkenlibellen zu nennen.

Smaragdlibelle Am ehesten kommt die Gemeine Smaragdlibelle *(Cordulia aenea)* vor. Man kann die düster goldgrün gefärbte Libelle, deren Männchen im Flug oft rüttelnd in der Luft stehen bleibt, von Mai bis August sehen.

Beispiele für Gattungen und teils Familien anderer, unscheinbarerer Wirbelloser sollen nur stichwortartig genannt werden.

Strudelwürmer (Turbellaria) besitzen einen braunen bis fast schwarzen, flachen Körper, der von einem dichten Wimperkleid bedeckt ist. Es dient zur Fortbewegung und zum Herbeistrudeln von sauerstoffreichem Wasser.

Wenigborster (Oligochaeta) ähneln in der Gestalt den Regenwürmern und sind oft durchsichtig.

Egel (Hirudinea) mit einem großen, zum Saugnapf ausgebildeten Mund leben teils räuberisch, teils als Blutsauger.

Wasserflöhe (Cladocera) sind Kleinkrebse, die alle Typen von Gewässern, besonders aber pflanzenreiche Ufergürtel von Seen und Weihern besiedeln. Zu erkennen sind sie an ihrer

Andere Wirbellose

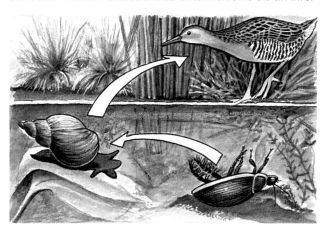

Eine ungewöhnlich kurze Nahrungskette: abgestorbenes organisches Material jeglicher Art (Detritus) – Spitzschlammschnecke – Wasserralle.

flohartig hüpfenden Fortbewegung mit Hilfe ihrer großen, zweiästigen Antennen.

Ruderfußkrebse (Copepoda) lassen sich nach der Art ihrer Fortbewegung in 3 Gruppen unterteilen: Schweber, Schwimmer und die seitlich durch Krümmung auf dem Schlammboden vorwärtshüpfenden Spezies. Mindestens 4 Fühler zeichnen die meisten Arten aus. Durch die Bildung eines schützenden Schleimmantels überdauern sie schadlos Trockenzeiten und können so selbst Kleinstgewässer wie wassergefüllte Baumstubben besiedeln.

Muschelkrebse (Ostracoda) besitzen das gleiche Vermögen, Wassermangel zu überdauern. Die meisten Arten – kenntlich an muschelartig flacher Körpergestalt und mehreren Antennen – kommen allerdings in pflanzenreichen Weihern vor.

Flohkrebse (Amphipoda) rutschen in typischer Seitenlage über den Boden und schwimmen ähnlich durch Krümmen des Körpers. Charakteristisch ist ihre gekrümmte Form.

Wasserspinne (Argyroneta aquatica). Sie hat sich mit ihrem dichten Haarkleid, mit dessen Hilfe sie Luftblasen unter die Wasseroberfläche holt, als einzige Spinne die Kleingewässer als Lebensraum erschlossen.

Wassermilben (Hydracarina) besitzen eine spinnenähnliche Gestalt und sind ebenfalls vom Land her eingewandert.

Eintagsfliegen (Ephemeroptera) sind als flach gebaute Larven mit langen Hinterleibsanhängen an das Wasser gebunden, überwiegend in Fließgewässern.

Wasserläufer (Gerridae) nützen die Oberflächenspannung des Wassers aus. Vor Benetzung schützt sie ein dichtes Haarkleid, in das Luft eingeschlossen ist.

Wasserläufer nutzen die Oberflächenspannung des Wassers aus; sie sind aber auch ruhend auf Schwimmblättern und anderen Pflanzen zu sehen. Sie kommen auf allen Kleingewässertypen vor. Trocknen diese aus, so wechseln sie fliegend den Lebensraum.

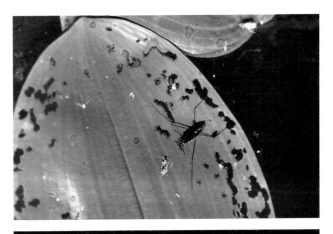

Andere Wirbellose

Skorpionswanzen (Nepidae) sitzen dicht unter der Wasser-oberfläche, so daß ihre lange Atemröhre am Hinterleib aus dem Wasser ragt. Sie sind lang und schmal gebaut, ihre Vorderbeine zu Fangbeinen umgebildet.

Schwimmwanzen (Naucoridae) sind gute Schwimmer und stechen ihre Beute – selbst kleine Fische – an, um sie auszusaugen. Auch für den Menschen kann der Stich einer Schwimmwanze schmerzhaft sein.

Rückenschwimmer (Notonectidae) schwimmen tatsächlich meist auf dem Rücken, weil sie zwischen den Haaren am Bauch Luft mit sich herumtragen, die der Unterseite Auftrieb verleihen.

Schwimmkäfer (Dytiscidae) fallen durch ihren abgeflachten Körper auf. Ihr bekanntester und zugleich größter Vertreter ist der Gelbbrandkäfer *(Dytiscus marginalis)*.

Wasserkäfer (Hydrophilidae) unterscheiden sich von den Schwimmkäfern durch einen stärker gewölbten, höheren Rücken. Beide schöpfen ihre Atemluft an der Wasseroberfläche.

Mücken (Nematocera) sind mit den Larven von über 1 000 verschiedenen Arten in den Binnengewässern zu finden. Dazu zählen nicht nur die manches Mal lästig werdenden Stechmücken (Culicidae), sondern vor allem die Zuckmücken (Chironomidae).

Schlammfliegen (Megaloptera) sieht man häufig ufernah auf Blättern sitzen. Sie sind mit 4 ausgesprochen großen, bräunlichen Flügeln ausgestattet und legen ihre Eier am liebsten an Schilf, von wo aus die geschlüpften Larven ins Wasser fallen oder hinabkriechen. Dort kann man sie an ihren behaarten, reichgegliederten Anhängen am Hinterleib erkennen, die über Tracheen der Atmung dienen. Schlammfliegen leben auch in stark verschmutzten Gewässern.

Köcherfliegen (Trichoptera) bauen sich als wasserlebende Larven aus Sandkörnern, Steinchen oder Pflanzenteilen zusammen mit einem Gespinst schützende Köcher. Die Alttiere fallen in Gewässernähe durch ihre in Ruhestellung dachförmig aufeinandergelegten Flügel auf, die braun, grau oder schwarz gefärbt sind.

Muscheln (Bivalva) besitzen, obwohl sie nur mit wenigen Arten vorkommen, eine recht hohe ökologische Bedeutung: Sie filtern große Mengen Wasser und beschleunigen so über die Aufnahme, das Verwerten und Wiederausscheiden von Schwebstoffen die Sedimentation. Die wichtigsten Arten sind die bis zu 20 cm lange Teichmuschel *(Anodonta cagnea)* mit bräunlichgrüner, dünner Schale und die verschiedenen Spezies der Erbsenmuschel *(Pisidium spec.)* mit ungleichseitiger Schale und meist unter 1 cm Größe.

Schnecken (Gastropoda) sind vertreten mit der
- Teichnapfschnecke *(Acroluxus lacustris)*, flache Schale, bis 7 mm lang,
- Spitzschlammschnecke *(Lymnaea stagnalis)*, lang ausgezogenes Gewinde, bis 60 mm lang,
- Leberegelschnecke *(Galba truncatula)*, horngelb, Gewinde lang ausgezogen, bis 10 mm lang, oft in Tümpeln und
- Posthornschnecke *(Planorbarius corneus)*, Durchmesser bis 30 mm,

um nur wenige Beispiele zu nennen.

Fische –
nicht nur für Angler

Die Fische, eine ständig an das Wasser gebundene Tiergruppe, finden, außer bei den Anglern, nur wenig Beachtung. Obwohl in freier Natur nicht leicht zu beobachten, stellen sie doch ein interessantes Studienobjekt dar – Hinweise finden sich im Kapitel „Tips zur Beobachtung" (s. Seite 94). Der Artenreichtum in Meeren und Fließgewässern ist wesentlich größer als in Kleingewässern. Austrocknende Tümpel fallen als Lebensraum völlig aus. Vor allem in den Teichen wird die Fischfauna im wesentlichen von der wirtschaftlichen Nutzung durch den Menschen bestimmt, der die ihm lohnend erscheinenden Fische einsetzt und vielfach auch füttert.

Forellen Eine Art, die erst die Teichwirtschaft in die stehenden Gewässer unserer Heimat gebracht hat, ist die Regenbogenforelle *(Salmo gairdneri);* sie wurde 1882, aus Nordamerika stammend, eingebürgert. Den Namen gab dem 25 bis 50 cm langen Fisch ein rotes Längsband entlang der Seiten des mit kleinen, dunklen Flecken übersäten Körpers. Sie ist vor allem in Fischteichen und in Fließgewässern zu finden. Ebenfalls in Teichen gemästet wird die 25 bis 40 cm lange Bachforelle *(Salmo trutta),* die durch dunkle Punkte, aber zugleich das Fehlen des roten Streifens charakterisiert ist. Beide Arten ernähren sich von Kleintieren des Wassers. Ihre Laichzeit liegt zwischen Februar und Mai (Regenbogenforelle) bzw. Januar und März (Bachforelle).

Hecht Der Hecht *(Esox lucius)* ist als räuberische Art, die sich von Kleinfischen, Amphibien und kleineren Säugetieren ernährt, weithin bekannt. Er wird deshalb gern in Fischteiche eingesetzt, um unerwünschte Nahrungskonkurrenten zu dezimieren. Im Mittel ist er 40 bis 80 cm lang, kann aber eine Länge von bis zu 150 cm erreichen. Der gestreckte Körper mit langem Kopf und flacher, einem Entenschnabel ähnelnder Schnauze ist durch eine weit hinten sitzende Rückenflosse gekennzeichnet. Der Hecht lauert meist nahe unter der Oberfläche zwischen Wasserpflanzen auf Beute, die er in

Raub- und Friedfische

Muster einer Nahrungskette: Kieselalge – Hüpferling – Larve der Azurjungfer – Plötze – Hecht.

einem blitzschnellen Angriff überrascht. Er laicht zwischen Februar und Mai.

Aal Ein schlangenförmig langgestreckter Körper mit durchgehendem Flossensaum ist das Erkennungsmerkmal des Flußaals *(Anguilla anguilla)*. Von Natur aus kommt er nur in größeren Fließgewässern vor, da die 10 bis 15 Jahre alten Aale zum Laichen flußabwärts bis zur Küste Südamerikas schwimmen. Menschliche Nutzung „sperrte" ihn auch in abgeschlossene Seen und Fischteiche ein. Hier lebt er als Allesfresser am schlammigen Grund.

Karpfen Ein Friedfisch, der sich nur von kleinen Organismen wie Würmern, Kleinkrebsen, Insektenlarven sowie von Wasserpflanzen ernährt, ist der Karpfen *(Cyprinus carpio)*. Als bevorzugter Speisefisch wird der durchschnittlich 24 bis 40 cm große Karpfen in vielen Teichen gehalten. Große Schuppen und ein auffallend hoher Rücken sowie 4 „Barteln", kurze Bartfäden am Mund, sind seine Kennzeichen. Das Männchen bekommt zur Laichzeit zwischen Mai und Juli einen sogenannten Laichausschlag, eine kräftigere Färbung. Der Karpfen bevorzugt warmes, ruhiges Wasser unter 700 m Meereshöhe. Er ist in 4 verschiedenen Zuchtformen zu finden:

– Schuppen- oder Wildkarpfen mit normaler, gleichmäßiger Beschuppung,
– Zeilenkarpfen mit in Reihen angeordneten großen Spiegelschuppen,
– Spiegelkarpfen mit unregelmäßig verteilten Spiegelschuppen
– fast schuppenlose Lederkarpfen.

Raub- und Friedfische

73

Schlei Ein lichtscheuer Bodenbewohner ist der Schlei *(Tinca tinca)*, ein 20 bis 50 cm langer, von kleinen Lebewesen des schlammigen Bodens lebender Friedfisch mit einer kurzen Bartel auf jeder Seite des Mauls. Der dunkelgrüne Fisch besitzt einen kräftigen Körperbau und abgerundete Flossen. Beim Ablaichen wird die scheue Art in Ufernähe gesellig; die Laichzeit liegt zwischen Mai und Juli.

Plötze Geräuschvoll in Schwärmen laicht im April und Mai nahe des Ufers die Plötze *(Rutilus rutilus)*, ein häufiger Wirtschaftsfisch in den norddeutschen Seen, der aber auch alle anderen Gewässertypen besiedelt. Sie ernährt sich von Pflanzen, Schnecken, Kleinkrebsen und Insektenlarven. Ihre Merkmale: meist 20 bis 25 cm Länge, mennig- bis blutrote Flossen und Augenringe. Sie stellt die wichtigste Nahrung der Raubfische dar.

Rotfeder Ein sehr ähnliches Aussehen besitzt die Rotfeder *(Scardinius erythrophthalmus)* mit blutroten Flossen, einem goldfarben glänzenden Augenring, einem nicht gerade nach vorn, sondern nach oben gerichteten Maul und einem scharfen Kiel zwischen Bauch- und Afterflosse. Der gesellige Uferfisch ruhiger, krautreicher Gewässer laicht erst im Mai und Juni und kommt in den Alpen bis in 2 000 m Höhe vor. Pflanzen und Kleintiere stellen seine Nahrung dar.

Barsch Der Flußbarsch *(Perca fluviatilis)* hat eine durchschnittliche Größe von 20 bis 35 cm, 2 Rückenflossen, wobei die vordere mit kräftigen Stacheln ausgestattet ist, oft rötlich gefärbte Flossen und eine dunkelgrüne Grundfarbe mit 6 bis 9 dunklen Querstreifen. Meist in kleinen Trupps zusammenlebend, fressen Barsche in ihrer Jugend Kleintiere, ab einer Größe von 15 cm als sogenannte Raubfische aber andere Fische und Krebse.

Während sich die Alttiere recht scheu verhalten, sind jüngere Barsche oft in Ufernähe zu beobachten. Zwischen April und Juni heften die Tiere ihren Laich in 1 bis 2 cm breiten Bändern an Wasserpflanzen. Der beliebte Speisefisch ist in Fließgewässern wie in Seen und Fischteichen zu finden; von Natur aus bevorzugt er klares Wasser.

Moderlieschen Das Moderlieschen *(Leucaspius delineatus)*, nur 6 bis 12 cm lang, ist die wohl wichtigste Fischart der kleinen Gewässer, Torfgräben, Weiher und Kleinseen. Sie besitzt Bedeutung als Nahrung für verschiedene Vogelarten, nicht jedoch für eine wirtschaftliche Nutzung. Auffallend sind

Für Vögel wichtige Kleinfische

silberglänzende Schuppen, die leicht abfallen, und eine verkümmerte Seitenlinie an den Flanken, die sich höchstens über 12 Schuppen erstreckt. Der in Schwärmen lebende Fisch frißt Algen und Kleintiere. Die Eier werden im Mai und Juni in ringförmigen Bändern an Stengeln von Wasserpflanzen abgelegt und anschließend vom Männchen bewacht. Am Rhein erreicht die Art die Westgrenze ihrer Verbreitung.

Bitterling   Eine ähnliche Größe besitzt mit 8 bis 9 cm Länge der Bitterling *(Rhodeus sericeus)* mit hochrückigem Körper, dessen Seitenlinie nur über 5 bis 6 Schuppen reicht. Der Rücken ist graugrün, die Seiten sind silberglänzend gefärbt. Der Bitterling lebt in stehenden und ruhig fließenden Gewässern und kommt vor allem auch in klaren Teichen vor.

Mit seiner Vermehrung ist der Bitterling allerdings an die Malermuschel *(Unio pictorum)* gebunden: Das Weibchen legt die bis zu 40 Eier mit Hilfe einer Legeröhre in den Kiemenraum der Muschel. Das mit einem prächtigen Hochzeitskleid – blaue Flanken, orangefarbener Bauch, rote Rücken- und Afterflossen – geschmückte Männchen befruchtet die Eier anschließend mit dem darüber abgegebenen Samen. Die Jungtiere verlassen den schützenden Kiemenraum der Muschel – die dadurch nicht geschädigt wird – erst dann, wenn sie voll ausgebildet sind. Kleinkrebse, Würmer und pflanzliche Kost stellen das Nahrungsspektrum des Bitterlings dar.

Stichling   Die dritte kleine Fischart ist der 4 bis 9 cm lange Dreistachlige Stichling *(Gasterosteus aculeatus)* mit gedrungenem Körper und 3 einzeln sitzenden Stacheln auf dem Rücken. Er stellt minimale Ansprüche an seinen Lebensraum und kommt in Seen, Teichen und wassergefüllten Gräben genauso vor wie in Flüssen, Kanälen, Ost- und Nordsee, vor allem im Wattenmeer. Während der Laichperiode im April und Mai zeigt das Männchen einen kräftig rot gefärbten Bauch. Es baut ein mit einem aus der Niere abgesonderten Sekret gekittetes Nest am Gewässergrund, in das mehrere Weibchen insgesamt 80 bis 100 Eier legen, die das Männchen anschließend bewacht und auch gegen Störenfriede verteidigt. Als Nahrung dienen Kleinkrebse, Würmer und Mückenlarven.

Wechselwarme Tiere: Amphibien und Reptilien

Fast genauso wie die Fische sind die Amphibien auf das Vorhandensein von Wasser angewiesen, wenn auch teilweise nur zur Fortpflanzung. Bei den Reptilien dagegen gelten die wasserbewohnenden Arten als Ausnahme.

Feuersalamander Am leichtesten zu erkennen ist der Feuersalamander *(Salamandra salamandra)* mit seiner gelbschwarzen Warnfärbung. Er ist ein Bewohner des waldreichen Hügellandes, der seine Larven nicht oft in stehenden Gewässern absetzt. Im typischen Falle nutzt er dafür ruhige Bereiche von Waldbächen.

Kammolch Die größte und zumeist seltenste unserer 4 Molcharten ist der Kammolch *(Triturus cristatus),* dessen bis zu 18 cm langes Männchen zur Laichzeit einen mächtigen Kamm auf Rücken und Schwanz trägt. Die Oberseite des zwischen Februar und Mitte Mai ablaichenden Kammolchs ist dunkel gefärbt, der Bauch leuchtend orange mit dicken, schwarzen Flecken.

Salamander und Molche

Untrügliche Kennzeichen des Kammolchs: ein orangefarbener Bauch mit schwarzen Flecken bei dunkler, fast schwarzer Oberseite.

Der Teichmolch, vielfach die häufigste Molchart in Kleingewässern, besitzt dicke, runde Punkte auf hellorangem Bauch bei einem hellbraunem Rücken. Im Wasser allerdings sind die Farben noch erheblich kräftiger. Dieses Tier wurde im Frühjahr bei der Laichwanderung fotografiert.

Bergmolch   Ebenfalls einen dunklen Rücken und orangefarbenen Bauch – allerdings völlig ohne Flecken – besitzt der Bergmolch *(Triturus alpestris)*, der von Mitte März bis Ende Mai laicht.

Teichmolch, Fadenmolch   Bräunlich ist die Grundfarbe der beiden anderen, von März bis Anfang Juni laichenden Molche, schwach orange bis gelblich ihr Bauch; der bietet auch das wichtigste Unterscheidungsmerkmal: Der häufigere Teichmolch *(T. vulgaris)* besitzt auf dem ganzen Körper dicke, runde und dunkle Punkte. Beim meist etwas kleineren, maximal 9 cm langen Fadenmolch *(T. helveticus)* dagegen ist die Bauchmitte generell frei von dunklen Punkten, die auf dem übrigen Körper zudem deutlich feiner sind, aber auch ganz fehlen können.

Der Kammolch bevorzugt krautreiche und sonnenexponierte Gewässer, der Bergmolch ist anspruchslos: Er bewohnt vegetationsreiche Gewässer jeder Größe genauso wie nahezu kahle Tümpel. Teich- und Fadenmolch, ebenfalls nicht spezialisiert, sind häufig in wassergefüllten Wagenspuren zu finden, wobei der Fadenmolch vorwiegend in Laub- und Mischwäldern des Hügellandes vorkommt.

Unken, Kröten

Selten sind die beiden Unkenarten, die nicht größer als 5 cm werden.

Unken   Die Gelbbauchunke *(Bombina variegata)* mit gelbschwarz marmoriertem Bauch besiedelt vegetationsarme und der Sonne ausgesetzte flache Tümpel der Mittelgebirge, oft in Sand- und Kiesgruben.

Eine senkrechtstehende Pupille ist ein untrügliches Merkmal der Geburtshelferkröte. Wegen ihres hellen Rufens wird sie im Volksmund auch „Glockenfrosch" genannt.

Die kleineren Erdkrötenmännchen lassen sich vom größeren Weibchen zum Teil schon zum Wasser tragen. Die männlichen Tiere umklammern mit ihren kräftigen Vorderbeinen alle Artgenossen, die ihnen über den Weg hüpfen oder schwimmen. Handelt es sich ebenfalls um ein Männchen, so läßt dieses einen Befreiungsruf ertönen, der das klammernde Tier zum Loslassen animiert. Es merkt, daß es an der falschen Adresse ist.

Eine etwas grauere, aber fleckigere Färbung als die Erdkröte mit einem hellen, feinen Streifen auf der Rückenmitte kennzeichnet die Kreuzkröte. Mit Hilfe einer Schallblase, die in der Kehle sitzt, können die Kreuzkröten in der Dämmerung ein kilometerweit hörbares Konzert veranstalten.

Wechselwarme Tiere: Amphibien und Reptilien

Die rot-schwarzbäuchige Rotbauchunke *(B. bombina),* die im östlichen Schleswig-Holstein und Niedersachsen ihre westliche Verbreitungsgrenze erreicht, bewohnt dagegen bewachsene, klare Gewässer in feuchten Wiesenniederungen und Überschwemmungsbereiche der Flüsse im Tiefland.

Kröten Die Geburtshelferkröte *(Alytes obstetricans),* ebenfalls nur 4 bis 5 cm groß, besitzt eine warzig-braune Haut und eine senkrecht gestellte Pupille. Ihren Namen erhielt die Bewohnerin warmer, mit Gestein durchsetzter Gebiete vor allem im Hügelland durch die Brutpflege des Männchens, das sich die Laichschnüre um die Hinterbeine wickelt und bis zum Schlüpfen der Kaulquappen etwa 3 Wochen lang mit sich herumträgt.

Die häufigste Krötenart, die zwischen Ende Februar und Anfang Mai alle Gewässer mit mindestens 50 cm Wassertiefe und ständiger Wasserführung zum Laichen aufsucht, ist die Erdkröte *(Bufo bufo).* Ihre Kennzeichen: ein breiter Kopf, eine warzige, erdbraune Haut, ausgewachsen maximal 8 (Männchen) bzw. 13 cm (Weibchen) Größe und eine kupferfarbene Iris.

Die bis 8 cm große Kreuzkröte *(B. calamita)* mit mehr grauer Farbe und einem hellen, feinen Mittelstrich auf dem Rücken bewohnte ursprünglich Tümpel und andere Feuchtstellen in den norddeutschen Dünentälern; heute kommt sie vielfach in Sand- und Kiesgruben vor. Als einzige Kröte hüpft sie nicht, sondern läuft – beachtlich schnell – ähnlich einer Maus. Meist in flachen Tümpeln laichend, entwickeln sich ihre Kaulquappen doppelt so schnell wie die anderer Amphibienarten.

Frösche

Laubfrosch Der bis 5 cm große Laubfrosch *(Hyla arborea)* genießt durch seine grasgrüne Oberseite, einen gekörnten Bauch und lange Beine mit Saugnäpfen an den Zehen einen hohen Bekanntheitsgrad, obwohl er besonders selten geworden ist. Buschige und vegetationsreiche Uferzonen sind seine bevorzugten Lebensräume. Als einzige Art klettert er auch im Gehölz.

Grünfrösche Schwierig wird die Artbestimmung beim Grünfrosch *(„Rana esculenta-*Komplex"),* über die selbst die Gelehrten noch streiten. Vermutlich handelt es sich um 2 Arten, den bis 9 cm großen Teichfrosch *(Rana lessonae)* und den maximal 16 cm messenden Seefrosch *(R. ridibunda),* die durch die Kreuzungsform des Wasserfroschs *(Rana escu-*

Eine im Vergleich zu den Kröten auffallend glatte Haut besitzen die Frösche. Eine grüne Grundfarbe mit mehr oder weniger stark ausgeprägten dunklen Flecken zeigen die Grünfrösche.

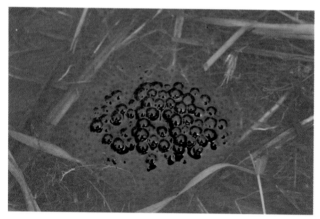

Der Laichballen eines Grasfrosches. Auch daran kann man die Amphibien unterscheiden: Die Frösche besitzen alle Laichballen, die Kröten Laichschnüre, die Molche heften einzelne Eier an Wasserpflanzen.

lenta) verbunden sind. Alle 3 besitzen eine typische Froschgestalt mit glatter Haut, recht spitzem Kopf, zwei seitlichen Schallblasen beim Männchen und eine grüne Grundfärbung, meist mit schwärzlichen Flecken. Sie sonnen sich gern an vegetationsreichen Ufern und springen beim Herannahen eines Menschen mit einem lauten Platschen ins Wasser.

Grasfrosch Der Grasfrosch *(Rana temporaria)*, unsere häufigste Froschart, zeigt eine braune Grundfärbung mit glatter Haut und einem dunklen Schläfenfleck. Der Körper ist mehr oder wenig stark schwärzlich gefleckt. Der Grasfrosch bewohnt alle Formen stehender Gewässer, legt seine großen Laichballen im Februar und März aber auch in schwach bewegtes Wasser.

Moorfrosch Eine recht ähnliche Färbung besitzt der zwi-

Braune Farben und meist ein dunkler Schläfenfleck wie ein Grasfrosch, im Gegensatz dazu aber ein breiter, heller Längsstreifen auf dem Rücken: ein Moorfrosch. Obwohl er gern in nicht zu sauren Gewässern am Rande von Mooren vorkommt, ist der hauptsächlich norddeutsche Frosch keineswegs an diesen Gewässertyp gebunden.

schen Ende März und Anfang Mai ablaichende, vorwiegend im Flachland vorkommende Moorfrosch *(Rana arvalis)*. Sein wichtigstes Unterscheidungsmerkmal: ein breiter, gelblichheller Streifen auf der Rückenmitte. Vielfach ist er an den Rändern von Mooren und Bruchwäldern vor allem Norddeutschlands zu finden.

Reptilien

Schildkröte Unklar ist, ob die Europäische Sumpfschildkröte *(Emys orbicularis)* von Natur aus überhaupt nördlich der Alpen lebt. Ohne Zweifel sind die meisten der heutigen Vorkommen bei uns auf ein Aussetzen von Tieren durch den Menschen zurückzuführen. Die Schildkröten werden meist nicht größer als 20 cm, die Grundfarbe ist ein dunkles Braun, das mit hellen, gelblichen Flecken gemustert ist. Ruhige Buchten von Seen und größeren Teichen sind die bevorzugten Lebensräume, in denen sie sich gern sonnen. Die Fluchtdistanz wilder Tiere beträgt meist mehr als 30 m.

Nattern Von den Schlangen ist bei uns die Ringelnatter *(Natrix natrix)* am ehesten im oder in der Nähe von Wasser zu beobachten: Ihre Färbung ist sehr variabel grau, bläulich oder olivbraun, von vielen kleinen, dunklen Flecken übersät. In der Regel befindet sich auf jeder Seite des Hinterkopfes ein gelber, sichelförmiger Fleck, die sogenannten Mondflecken. Die Ringelnatter ist für den Menschen ungefährlich: Sie flüchtet lieber vor ihm und besitzt keine Giftzähne, sondern würgt ihre Beute lebend hinunter.

Noch stärker ans Wasser gebunden ist die ihr ähnliche Würfelnatter *(N. tesselata)*, die vor allem an Flußläufen und deren Altwassern vorkommt; allerdings ist die Art bei uns dem Aussterben nahe. Beide Nattern können bei Bedrohung ein übelriechendes Sekret absondern.

Mit Pelz und sanften Pfoten: Säugetiere

Alle Säugetiere, die mehr oder weniger stark an Kleingewässer als Lebensraum gebunden sind, führen ein heimliches Leben. Sie zu beobachten, braucht es ein ruhiges Verhalten, vor allem aber Geduld und Glück.

Ratten

Bisamratte Die heute wohl häufigste Art ist die aus Nordamerika stammende Bisamratte *(Ondatra zibethica)*, die Anfang unseres Jahrhunderts aus Pelztierfarmen ausbrach und sich seitdem ungeheuer ausgebreitet hat. Staatlich bestellte Bisamfänger versuchen, ihre Zahl etwas zu reduzieren, da sie ausgedehnte Wohnröhren in die Uferböschungen gräbt und so viele Teiche ihres Wassers beraubt oder auch Dammbrüche auslöst.

Das etwa kaninchengroße Tier besitzt einen langen, beschuppten und seitlich etwas zusammengedrückten Schwanz. Das Fell des weitgehenden Pflanzenfressers besitzt eine hell- bis dunkelrotbraune Färbung. Die guten Schwimmer legen außer ihren Bauten in den Uferböschungen bis zu 2 m hohe, aus dem Wasser ragende Winterburgen aus Pflanzenteilen an.

Wasserratte Etwas kleiner, maximal 30 cm lang, ist die Wasser- oder Wanderratte *(Rattus norvegicus)* mit rötlicher bis braungrauer Oberseite und grauweißer Unterseite. Sie bevorzugt die Nähe menschlicher Siedlungen und kommt hier besonders im Bereich von Gewässern vor. Als Allesfresser und potentielle Krankheitsüberträger, die – in Bedrängnis geraten – auch den Menschen angreifen, sind sie nicht gern gesehen.

Mäuse

Wasserspitzmaus Ein possierlicher Bewohner von Ufern der unterschiedlichsten Gewässertypen ist die Wasserspitzmaus *(Neomys fodiens)*, kenntlich an spitzer Schnauze, glänzend schwarzer, dicht behaarter Oberseite, bis zu 10 cm langem Körper und maximal 23 g Gewicht. Ihre Nahrung –

niedere Tiere, kleine Fische und Frösche – erbeutet sie meist tauchend. In den Mittelgebirgen ist sie am häufigsten. Ihre Nester mit Ausgang zum Wasser hin gräbt sie selbst.

Zwergmaus Nicht unbedingt ans Wasser gebunden, dennoch aber gern in den Schilf- und Röhrichtbeständen, klettert unsere kleinste Maus, die 3,5 bis 13 g schwere und ohne Schwanz maximal 8 cm lange Zwergmaus *(Micromys minutus)* mit Hilfe ihres Greifschwanzes flink durch das Dickicht der Halme. Im Sommer baut sie in 25 bis 80 cm Höhe über dem Boden aus fein zerfaserten Grasblättern ihr Nest. Sie lebt von Samen und Insekten.

Ausgerottet wurde der Fischotter *(Lutra lutra)* als Konkurrent des Menschen fast überall, denn er frißt bevorzugt Fische, daneben aber auch Frösche, kleine Wasservögel und Säugetiere. An meist unzugänglichen Uferpartien lebend, weist er eine Körperlänge von 65 bis 80 cm auf, der Schwanz mißt noch einmal 35 bis 50 cm. Wo der Otter noch oder durch Wiedereinbürgerung wieder vorkommt, muß das störungsempfindliche Tier einen absoluten Schutz erhalten.

Fischotter

Seite 85:
Tauchvögel, die mit dem Landleben nicht klarkommen: Haubentaucher sind als Altvogel (rechts) an dem mehr oder weniger deutlichen Schopf zu erkennen; die Jungvögel (links ein „Halbstarker") besitzen eine typische Streifenfärbung am Kopf.

Brutvögel und Nahrungsgäste

Unter den Vögeln lassen sich die Wasservögel im engeren Sinne (Enten, Schwäne, Rallen, Watvögel usw.) und die meist zu den Greif- und Singvögeln zählenden Arten der Röhrichtzone und Wassernähe unterscheiden.

Schwimmvögel und Reiher

Lappentaucher   Wohl am stärksten an das Wasser gebunden sind die nach ihren gelappten Zehen benannten Lappentaucher, deren Beine so weit hinten am Körper sitzen, daß sie an Land immer wieder nach vorne kippen würden.
Die größte Art ist der Haubentaucher *(Podiceps cristatus)* mit langem, schlankem Hals, schwarzen Ohrbüscheln und rostbrauner Halskrause. Die Jungvögel sind an Hals und Kopf

abwechselnd hell und schwarz gestreift. Ihr schwimmendes Nest bauen die Haubentaucher am Rande des Schilfgürtels aus Wasserpflanzen.

Kleinere und vor allem zugewachsenere Gewässer besiedelt der Zwergtaucher *(Podiceps ruficollis)*, der nur etwas größer als eine Amsel ist und durch seine rundliche, kurzhalsige Gestalt auffällt. Im Winter ist er unscheinbar bräunlichgrau, im Sommer dunkler braun mit kastanienbraunem Hals gefärbt. Beide Arten tauchen ausgiebig nach Nahrung.

Reiher Der Graureiher *(Ardea cinerea)* ist am ehesten morgens in der Frühe auch an kleineren Gewässern zu beobachten. Der schreckhafte, 91 cm große Stelzvogel wird durch eine aschgraue Färbung, schwarzen Schopf und Handschwingen sowie ein rauhes Rufen charakterisiert. Im Fluge ist er durch den S-förmig gebogenen Hals auch auf große Entfernung vom schwarzweißen Weißstorch *(Ciconia ciconia)* zu unterscheiden, der zum Nahrungserwerb auch gerne Flachteiche anfliegt – mit lang und gerade gestrecktem Hals.

Schwan Jedem bekannt ist der teils wilde, zumeist aber mehr oder weniger domestizierte Höckerschwan *(Cygnus olor)*, der am Ufer ein mächtiges Nest aus Pflanzenteilen baut.

Der Haubentaucher ist wie alle Tiere indirekt von der pflanzlichen Produktion abhängig, wie diese Nahrungskette zeigt: Grünalgenüberzug auf einem Stein – Eintagsfliegenlarve – Großlibellenlarve – Haubentaucher.

Die überall häufige Stockente besiedelt nahezu alle Gewässertypen. Kennzeichen des Weibchens, das wie alle Schwimmenten ihres Geschlechts braun gefärbt ist: der blauviolette Spiegel im Flügel.

Stockente Mit Abstand der häufigste Entenvogel ist die Stockente *(Anas platyrhynchos)*. Den Erpel kennzeichnet im Brutkleid ein schillernd grüner Kopf und eine braune Brust, das Weibchen ein braungescheckes Federkleid. Ein blauvioletter Spiegel im Flügel unterscheidet es von den anderen Entenarten. Bei der kleineren Krickente *(A. crecca)* etwa ist dieser schwarzgrün, bei der ähnlichen Knäkente *(A. querquedula)* sitzt davor noch ein zart blaugrauer Streifen. Die Männchen der an zugewachsenen Gewässern sehr selten brütenden, zur Zugzeit auch in offenen Feuchtgebieten anzutreffenden Entenarten besitzen einen braungrünen Kopf und einen cremefarbigen Fleck unter dem Schwanz (Krickente) bzw. einen weißen Streifen über dem Auge am rotbräunlichen Kopf (Knäkente).

Schwarzweiß mit dem namengebenden Schopf: der Erpel der Reiherente, ein häufiger Wintergast auf größeren Gewässern.

Löffelente Die Löffelente *(A. clypeata)* fällt durch ihren löffelartig verbreiterten Schnabel auf; das Männchen ist durch einen grünen Kopf, kastanienbraune Flanken und eine weiße Brust zu erkennen.

Tauchenten Die Tauchenten suchen ihre Nahrung nicht wie die vorher beschriebenen Arten, die sogenannten Gründelenten, an der Wasseroberfläche oder gründelnd, sondern tauchend. Zu ihnen zählen die schwarzweiße Reiherente *(Aythya fuligula)* mit einer namengebenden Haube und die Tafelente *(A. ferina)* mit kastanienbraunem Kopf und Hals sowie grauer Oberseite. Die Weibchen beider Arten sind wesentlich dunkler braun als die Schwimmenten gefärbt; die Tafelente zeigt ein helles, blaugraues Querband auf dem Schnabel. Als Brutvögel sind sie bei uns selten, zur Zugzeit aber regelmäßig auf etwas tieferen Gewässern zu beobachten.

Greifvögel

3 Greifvogelarten zieht es ans Wasser:

Rohrweihe Ganz besonders gilt das für die Rohrweihe *(Circus aeruginosus)*, die in ausgedehnten Schilfbeständen am Boden brütet. Am ehesten kann man sie im typischen gaukelnden Flug über dem Schilf beobachten. Die braungefiederten Weibchen besitzen einen hellen Kopf, die Männchen grau gefärbte Flügel und Schwanz.

Fischadler Ebenfalls ein heller Kopf zeichnet den Fischadler *(Pandion haliaetus)* aus, der durch seine helle Unterseite von der Rohrweihe zu unterscheiden ist. Er ist zu den Zugzeiten im Frühjahr und Herbst mit etwas Glück beim Fischen zu beobachten.

Schwarzmilan Bevorzugt von toten Fischen lebt der Schwarzmilan *(Milvus migrans)* mit überwiegend dunkler Grundfärbung und im Gegensatz zum verwandten Rotmilan *(M. milvus)* nur ganz schwach eingekerbtem Schwanz.

Rallen und Watvögel

Rallen An nahezu jedem Gewässer findet man wenigstens eine der beiden häufigsten Rallenarten: Die eher auf kleineren Teichen lebende Teichralle *(Gallinula chloropus)* mit schwarzgrauer Färbung, dunkelbraunen Flügeln, rotgelbem Schnabel und roter Stirn und die etwas größere, schwarzgraue Bleßralle *(Fulica atra)* mit weißem Schnabel und Stirn (Blesse). Beide brüten meist im Röhrichtgürtel.

Flußregenpfeifer Weitgehend nackte, vegetationslose

Selbst kleinste Teiche besiedelt die Teichralle, wenn sie ausreichend Ufervegetation zum Verstecken aufweisen. Fühlt sich der Vogel bedroht, so zuckt er charakteristisch mit seinen aufgestellten weißen und braunen Schwanzfedern.

Bis auf Schnabel und die darüber sitzende Blesse schwarz gezeichnet sind die Bleßrallen, die etwas größere Gewässer als die Teichralle bevorzugen.

Kies- und Schlickflächen bevorzugen die meisten Watvögel (Limikolen) zur Nahrungssuche. Der nur 15 cm große Flußregenpfeifer *(Charadrius dubius)* brütet auch dort: Eine flache Mulde im Boden genügt ihm schon, um seine 4 Eier auszubrüten. Er rennt, durch seine braune Farbe gut getarnt, rasch trippelnd, um dann scheinbar unvermittelt stehenzubleiben. Eine schwarze Stirn, ein weißes und ein schwarzes Halsband sind seine Kennzeichen.

Uferläufer, Wasserläufer Eine graubraune Oberseite, eine helle Unterseite, die seitlich hinter der braun gemusterten Brust nach oben gezogen ist, und ein typisches Wippen mit dem Schwanz sind die Merkmale des Flußuferläufers *(Tringa hypoleucos),* der vor allem im Mai und August/September an den Ufern größerer Gewässer zu sehen ist. Dies gilt auch für

den etwas größeren und langbeinigeren Waldwasserläufer *(T. ochropus)* mit kontrastreicherer, dunklerer Oberseite und weißgrau und dunkelbraun bis fast schwarz gemusterter Brust.

Auch ein totes Tier wird in Nahrungsketten eingebaut: Wasserlinse – Stockente – tote Stockente – Tubifex – Dreistacheliger Stichling – Eisvogel.

Lachmöwe Die dunkelbraunköpfige Lachmöwe *(Larus ridibundus)*, die im Winter nur ein brauner Punkt hinter dem Auge am sonst hellen Kopf ziert, besiedelt vor allem größere Binnen- und Küstengewässer. Sie brütet meist in Kolonien am Boden.

Schwalben Unter den Singvögeln zieht es zur Nahrungssuche alle 3 Schwalbenarten ans Wasser, wo sie eine reiche Insektenbeute finden: die Rauchschwalbe *(Hirundo rustica)* mit tief gegabeltem Schwanz, die Mehlschwalbe *(Delichon urbica)* mit schwächer eingeschnittenem Schwanz und weißem Fleck am Bürzel (der Oberseite des Schwanzansatzes) und die immer in Wassernähe lebende bräunliche Uferschwalbe *(Riparia riparia)*, deren weißliche Unterseite durch ein braunes Brustband unterbrochen ist. Sie brütet in Kolonien in selbstgegrabenen Röhren in Steilufern.

Möwen und Singvögel

Ein Singvogel, der häufig in Gewässernähe zu sehen ist: die Bachstelze.

Bachstelze   Ein regelmäßiger Besucher am Ufer von Gewässern ist als weiterer Singvogel die Bachstelze *(Motacilla alba)* mit schwarzer, weißer und grauer Zeichnung, die häufig mit dem Schwanz wippt. Zunehmend brütet sie aber auch weitab von Gewässern, teils mitten in Dörfern und Städten und auf Kahlschlägen im Wald.

Als typische Bewohner des Röhrichtgürtels gelten die zuletzt portraitierten Vögel:

Rohrsänger   Nur durch ihren Gesang fallen der Sumpf- und der Teichrohrsänger *(Acrocephalus palustris, A. scirpaceus)* auf, 2 bräunlich und unscheinbar gefärbte Arten, die sich nur selten einmal blicken lassen. Der Teichrohrsänger singt recht einförmig mit vielen Wiederholungen, während der Sumpfrohrsänger abwechslungsreiche Strophen zu Gehör bringt und dabei häufig andere Vogelstimmen nachahmt.

Rohrammer   Die Rohrammer *(Emberiza schoeniclus)*, eine Verwandte der häufigen Goldammer *(E. citrinella)*, bewohnt Schilfbestände und Weidengebüsche. Das Männchen besitzt zur Brutzeit einen schwarzen Kopf. Im Ruhekleid ist es wie das Weibchen überall streifig braun gefärbt.

Tips zur Beobachtung

Der am Leben der Kleingewässer interessierte Naturfreund kann ohne jede Ausrüstung seine Umwelt durchforschen. Mit Hilfe technischer Unterstützung vermag er jedoch noch wesentlich mehr zu sehen und zu entdecken.

Ein Fernglas dient nicht nur dazu, die scheuen Vögel aus gebührendem Abstand zu beobachten, sondern kann auch geringere Distanzen überbrücken, etwa um schreckhafte Libellen zu identifizieren, um dem Treiben der Fische oder der Balz von Grünfröschen zuzusehen. Wenn man die Lupe vergessen hat, so erfüllt notfalls auch die Optik des umgedrehten Fernglases den Zweck der Vergrößerung.

Die Pirsch mit dem Fernglas

Verhalten

Möglichst wenig zu stören, sollte im eigenen Interesse das wichtigste Ziel jedes Beobachters sein. Gerade die Vögel besitzen eine große Fluchtdistanz, die von Art zu Art unterschiedlich ist. Wer sich eine Zeitlang ganz ruhig in einiger Entfernung vom Gewässer hinsetzt und mit Ohren und Augen das Vogelleben verfolgt, wird in aller Regel mehr mitbekommen, als wenn er entlang der Uferlinie läuft.

Gerade zur Brutzeit können viele Vogelarten besonders empfindlich reagieren und schon nach geringfügigen Störungen ihre Nester für immer verlassen. Besonders um die Vorkommen seltener Arten sollte man einen weiten Bogen machen – auch, um nicht mit den Vorschriften des Naturschutzes in Konflikt zu geraten. Das „Betreten verboten!" etwa in Naturschutzgebieten muß man natürlich immer genauestens beachten.

Vergrößerung, Lichtstärke

Für die Vogelbeobachtung geeignete Ferngläser besitzen meist eine 7- bis 10fache Vergrößerung. Die erste Zahl auf dem Glas gibt das an. Die zweite Zahl nennt die Lichtstärke: Je höher der Wert, desto besser ist die Leistungsfähigkeit bei schlechten Lichtverhältnissen. Brauchbar ist beispielsweise die Kombination 8 x 40 oder 10 x 56.

Kleingewässer bieten vielfältige Möglichkeiten der Naturbeobachtung. Man kann zwecks Artbestimmung einzelne Kleintiere auch kurzzeitig in ein mitgenommenes Kunststoffaquarium setzen, wenn man ihnen anschließend so schnell wie möglich wieder die lebensnotwendige Freiheit gibt.

Die Pirsch mit dem Fernglas

Die Amphibien sucht man am besten dort, wo sie am aktivsten sind und sich konzentrieren: im Bereich ihrer Laichgewässer. Obwohl die meisten Arten in Gewässern auch tagaktiv sind, konzentriert sich ihre Hauptaktivität doch auf die Dämmerung an Abenden des Frühjahrs und Frühsommers.

Amphibien auf der Spur

Nächtliche Wanderer

Immer wieder ein Erlebnis ist eine verregnete, lauwarme Märznacht, wenn im Laub des Waldes Hunderte von Erdkröten rascheln, die, zusammen mit Molchen und anderen Arten, auf der Wanderung vom Überwinterungsgebiet zum Laichgewässer sind. Mit Hilfe einer Taschenlampe spürt man die Amphibien am leichtesten auf einem befestigten Weg auf, weil dann die Gewähr besteht, nicht unbeabsichtigt ein Tier zu zertreten.

Zum Rufen animieren

Ruffreudige Arten, in erster Linie Kreuzkröte, Geburtshelferkröte, Grün- und Laubfrosch, zeigen einen „Herdentrieb", den man sich zum Nachweis ihres Vorkommens gut zunutze machen kann: Wenn ein Tier zu rufen beginnt, stimmen auch die anderen Individuen in den Chor ein. Den „Zündfunken" kann genauso die vom Kassettenrecorder abgespielte Stimme darstellen, um die Lurche zum Rufen anzuregen. Vor zu voreiliger Freude im Falle einer Antwort sei indes gewarnt: Es kann auch ein menschlicher Kollege sein.

Zur genauen Artbestimmung muß man Amphibien teilweise in die Hand nehmen. Dabei größte Vorsicht walten zu lassen versteht sich von selbst. Eine nasse Hand kann den sehr trockenheitsempfindlichen Tieren weniger schaden.

Erscheint schon bei Amphibien und Vögeln Geduld als die Grundvoraussetzung, um diese Tiere beobachten zu können, so gilt das erst recht für die Fische.

Fische verlangen Ruhe

Erschütterung und Schatten vermeiden

Was Fische erschreckt und verjagt, sind Erschütterungen des Bodens, deren Druckwellen sich auf das Wasser übertragen, und sich bewegende Schatten, die auf das Gewässer fallen. Deshalb ist es ratsam, sich ruhig ans Ufer zu setzen oder besser sich flach auf einen durch den Röhrichtgürtel zum offenen Wasser führenden Steg zu legen und dann mit scharfem Blick der Tiere zu harren, die da kommen werden.

Besonders interessant ist, die Besiedlung neu entstandener Teiche und Tümpel zu beobachten: Welche Pflanzen und Tiere stellen sich innerhalb welcher Zeiträume von selbst ein? Dieser Miniteich, gegraben in einer sumpfigen Seggenwiese, ist gerade ein knappes Jahr alt.

Oft entdeckt man schon bald einen vorbeischwimmenden Fisch. Um dessen Artzugehörigkeit zu bestimmen, muß man sich alle wichtigen Merkmale wie Größe, Körper- und Flossenform, Färbung und Verhalten einprägen. Ein Vergleich mit den Angaben im Bestimmungsbuch verschafft spätestens nach mehrmaligen Beobachtungen Klarheit.

Mit Futter locken

Läßt sich kein Fisch blicken, versucht man mit Futter zu locken: Eingeweichtes Brot, gekochte Kartoffeln oder angefeuchtete Haferflocken – aber immer nur in geringen Mengen, da auch sie ein Gewässer belasten können – sind meist wirkungsvolle Köder. In bewirtschafteten Fischteichen sind die Nutzfische meist regelrecht auf die Fütterung „dressiert" und kommen sofort herbeigeschwommen.

Ein weiterer Trick soll den Dreistachligen Stichling anlocken: Man bricht den Zweig einer Weide mit schmalen, lanzettlichen Blättern ab und entfernt jegliches Grün bis auf das einzige Blatt an der Spitze. Führt man nun den Zweig im Wasser vorsichtig hin und her, so vermuten die Stichlinge einen Artgenossen und eilen herbei.

Mit Stereolupe und Mikroskop

Um kleinere Wirbellose und vor allem das Plankton im Wasser der Kleingewässer zu untersuchen, reicht auch die 10fach vergrößernde Lupe in aller Regel nicht mehr aus. Eine wertvolle Hilfe kann dann eine Stereolupe leisten, die im Prinzip wie ein einfaches Mikroskop aussieht und bei meist 10- bis 30facher Vergrößerung mit beiden Augen ein weniger ermüdendes Arbeiten ermöglicht. Für das Plankton jedoch muß in aller Regel ein Mikroskop her.

Stereolupen wie Mikroskope sind, sieht man von qualitativ schlechten Billigprodukten ab, recht teuer. Deshalb wird man versuchen müssen, die Geräte von Schulen oder – soweit in erreichbarer Nähe – von biologischen Stationen oder Naturschutzzentren auszuleihen. Auch hier wird man zur exakten Bestimmung der Organismen Fachliteratur zu Rate ziehen. Wirbellose fängt man zur Beobachtung am besten mit Hilfe eines feinen Netzes, das sich aus einem ausgedienten Nylonstrumpf auch selbst herstellen läßt. Am besten zu sehen sind die Tiere in einer mit Wasser gefüllten weißen Schale (oder einem Teller), notfalls tut es auch ein Konservenglas.

Das Plankton indessen findet man in jedem Tropfen eines Gewässers. Ein Tropfen Wasser, den man auf einen Objektträger gibt und unter das Mikroskop schiebt, genügt auch. Man beginnt stets mit der geringsten Vergrößerung und stellt zunächst scharf. Ist noch nichts Deutliches zu sehen, muß man die nächststärkere Vergrößerung wählen.

Alle Tiere, die man der Natur entnimmt, müssen so schnell wie möglich wieder dorthin zurückgebracht werden, wo man sie geholt hat – auch das sollte selbstverständlich sein.

Die Stereolupe ist ein gutes Hilfsmittel, will man die Kleinlebewelt der Gewässer untersuchen.

Die Qualität des Wassers wird vor allem von chemischen Größen bestimmt, die durch das umgebende Gestein, die Fracht eventueller Fließgewässer, das Niederschlagswasser und die Einschwemmungen von den umgebenden Flächen beeinflußt und verändert werden. Während Algenwatten an der Oberfläche auf eine schlechte Wasserqualität mit hoher Nährstoffbelastung hindeuten, zeigt klares Wasser, das noch in 5 m Tiefe den Grund erkennen läßt, eine gute, oligotrophe Qualität an.

Oft genügen aber diese groben Anhaltspunkte nicht zur Bewertung, so daß eine chemische Analyse wünschenswert erscheint. Will man genaue Meßergebnisse erhalten, so sind recht aufwendige Untersuchungen notwendig, die die Möglichkeiten des Laien überschreiten. Brauchbare und zumeist hinreichend genaue Richtwerte indessen kann auch die Analyse der wichtigsten Parameter wie Sauerstoffgehalt und -sättigung, Nitrat- und Nitritgehalt, die Menge an Phosphor, Ammonium und Carbonaten erbringen, die mit Hilfe einfacher Reagenzien jeder schnell durchführen kann (s. Seite 122).

Untersuchen der Wasserqualität

Kleingewässer schützen und pflegen

Alle Kleingewässer, und seien sie noch so klein oder verdreckt, verdienen, erhalten zu werden. Dies zu realisieren, sollte nicht allein Aufgabe der Naturschutzbehörden sein, die dazu im allgemeinen personell viel zu schlecht ausgestattet sind. Hier kann jede Naturschutzgruppe, aber auch jeder einzelne einen Beitrag leisten. Möglichkeiten gibt es viele:
- Kartierung der vorhandenen Kleingewässer innerhalb der Grenzen einer Gemeinde,
- Verfolgen, besser Verhindern illegaler Teichverfüllungen,
- Ausweisung von Schutzgebieten beantragen,
- Initiieren von Maßnahmen zur Verbesserung der Wasserqualität,
- Entrümpelungsaktionen,
- gezielte Pflege.

Biotopkartierung: Erfassen des Ist-Zustandes

War hier nicht einmal ein Teich, dort ein Tümpel? Eine Frage, die sich Naturfreunde bei ihren Streifzügen des öfteren stellen. Der erste Schritt zum Schutz der Kleingewässer muß deshalb ihre Kartierung sein: Das Erfassen sämtlicher Weiher, Teiche, Tümpel und Kleinseen erfolgt am zweckmäßigsten innerhalb der Gemarkungsgrenzen der Städte und Gemeinden. In einer topographischen Karte – bewährt haben sich die bei den Katasterämtern erhältlichen Vergrößerungen der Meßtischblätter im Maßstab 1:10 000 – verzeichnet man die Gewässer lagegetreu und versieht sie mit einer fortlaufenden Nummer. Eine eigene Karteikarte pro Gewässer dient zur Nennung aller wichtigen Einzelheiten:
- genaue Bezeichnung und Lage des Gewässers,
- Datum und Bearbeiter der Erfassung und der Nachträge,
- allgemeine Charakteristik des Gewässertyps,
- dominierende Pflanzen- und Tierarten mit ihren Bestandsgrößen unter Hervorhebung der seltenen Spezies,
- Nutzung der angrenzenden Flächen,
- aktuelle und mögliche Gefährdungen,
- empfehlenswerte Pflege- und Schutzmaßnahmen.

Fotos können den Zustand dokumentieren und später bei ungenehmigten Eingriffen ein wichtiges Beweismittel darstellen. Wenn in der Öffentlichkeit bekannt ist, daß der örtlichen Naturschutzgruppe oder der Gemeinde eine vollständige Dokumentation der Kleingewässer vorliegt, wird das potentielle Sünder vielleicht schon davon abhalten, den Teich auf ihrem Grundstück stillschweigend mit Bauschutt und Erde zu füllen.

In einer Schreibtischschublade verstaubend, nützt allerdings die beste Kartierung nichts – sie sollte auf jeden Fall auch der Stadt- bzw. Gemeindeverwaltung und der Naturschutzbehörde des Landkreises bzw. der kreisfreien Stadt zur Verfügung gestellt werden. Ein Artikel in der Lokalzeitung anläßlich der Übergabe des Materials macht die Arbeit publik.

Rechtsvorschriften

Kleingewässer stehen mit allgemein gehaltenen Formulierungen durchaus unter dem Schutz des Bundesnaturschutzgesetzes, welches in § 2 unter anderem folgende Grundsätze festlegt:

„Wasserflächen sind auch durch Maßnahmen des Naturschutzes und der Landschaftspflege zu erhalten und zu vermehren; Gewässer sind vor Verunreinigungen zu schützen, ihre natürliche Selbstreinigungskraft ist zu erhalten oder wiederherzustellen..." (Absatz 6).

„Die Vegetation ist im Rahmen einer ordnungsgemäßen Nutzung zu sichern, dies gilt insbesondere für Wald, sonstige geschlossene Pflanzendecken und die Ufervegetation" (Absatz 9).

Landesgesetze

Etwas konkreter äußern sich die das Rahmengesetz ausführenden Landesnaturschutzgesetze:

Baden-Württemberg Wasserflächen sollen erhalten, vor Verunreinigungen geschützt und ihre Selbstreinigungskraft erhalten und verbessert werden, ebenso die Ufervegetation (§ 2). Alle öffentlichen Planungsträger haben bei wasserwirtschaftlichen Planungen oder Maßnahmen auf die Erhaltung des biologischen Gleichgewichts und eine naturgemäße Ufergestaltung hinzuwirken (§ 14). „Unzulässig sind Eingriffe
1. in Naß- und Feuchtgebiete, insbesondere in Moore, Sümpfe, Tümpel, Bruch- und Auwälder, Streuwiesen oder Riede,
2. in die Verlandungsbereiche stehender Gewässer (Seen,

Teiche, Weiher), die einen ständig fließenden oberirdischen Zu- oder Ablauf haben (…), und
3. in die Ufervegetation und in die Röhrichtbestände (Schilf, Rohrkolben und Binsen) sonstiger öffentlicher Gewässer." Naturschutz- oder Planfeststellungsbehörden können „im überwiegenden öffentlichen Interesse oder aus sonstigen wichtigen Gründen Ausnahmen zulassen, soweit für Schutzgebiete keine besonderen Vorschriften gelten" (§ 16).

Bayern   Keine speziellen Vorschriften.

Berlin   Die Entwässerung von Mooren, Sümpfen, Pfuhlen oder anderen Feuchtgebieten sowie von Verlandungsbereichen der Gewässer gilt als Eingriff, bei dessen Realisierung „vermeidbare Beeinträchtigungen von Natur und Umwelt" zu unterlassen und unvermeidbare auszugleichen sind (§ 14). In der Zeit vom 1. März bis 30. September darf u. a. die Ufervegetation nicht abgeschnitten, gerodet oder auf andere Weise beseitigt werden (§ 29).

Bremen   Über die Vorschriften des Bundesnaturschutzgesetzes hinaus werden „die Entwässerung von Mooren, Sümpfen, Tümpeln, Brüchen, Auen oder anderen Feuchtgebieten" sowie „Veränderungen der Ufervegetation oder der Schilfrohrbestände an oberirdischen Gewässern" als Eingriffe gesehen (§ 11). Vom 1. März bis zum 30. September ist das Abschneiden und Zerstören von Röhrichtbeständen in der freien Natur untersagt (§ 28). „Unbeschadet weitergehender Vorschriften sollen Teiche, Tümpel, Quellbereiche, Sümpfe, Moore, Röhrichtbestände (…) für Pflanzen und Tiere erhalten oder neu geschaffen werden" (§ 28).

Hamburg   Als in seinen Auswirkungen zu minimierender bzw. auszugleichender Eingriff gilt „die Beseitigung oder Schädigung von Feuchtgebieten wie Moore, Sümpfe, Brüche oder Auen" (§ 9). Es ist verboten, zwischen 1. März und 30. September Röhrichtbestände abzuschneiden/zu zerstören: „Teiche, Tümpel, Quellbereiche, Sümpfe, Moore, Röhrichtbestände (…)" sollen erhalten werden (§ 26).

Hessen   „Feuchtgebiete, insbesondere sumpfige und moorige Flächen, Verlandungszonen, Altarme von Gewässern, Teiche und Tümpel sind (…) zu schützen, zu erhalten und, soweit möglich, neu zu schaffen" (§ 1). Es ist verboten, Röhrichte oder Schilfbestände oder die Bodendecke auf nicht bewirtschafteten Flächen abzubrennen und deren Tier- und Pflanzenwelt durch das Ausbringen von Stoffen erheblich zu beeinträchtigen, landschaftsprägende Ufergehölze, Röhricht- oder Schilfbestände zu beseitigen, „Feuchtgebiete, insbesondere sumpfige oder moorige Flächen, Verlandungszonen, Altarme von Gewässern, Teiche oder Tümpel, zu entwässern oder sonst nachhaltig zu verändern" (§ 23).

Niedersachsen „Wasserflächen sind (…) zu erhalten und zu vermehren (…)"; „(…) insbesondere Teiche, Tümpel, Quellbereiche, Sümpfe, Moore, Röhricht (…) sind zu erhalten oder bei Bedarf neu zu schaffen" (§ 2). Verboten ist das Zurückschneiden/Beschädigen des Röhrichts in der freien Natur zwischen 1. März und 30. September (§ 36).

Nordrhein-Westfalen Wasserflächen sind zu erhalten und zu vermehren, vor Verunreinigung zu schützen und ihre natürliche Selbstreinigungskraft zu erhalten/wiederherzustellen (§ 2). Als Eingriff gilt „die Entwässerung von Mooren, Sümpfen und Brüchen sowie die Beseitigung von Tümpeln und Weihern mit einer Fläche von mehr als 100 m^2 (§ 4). An stehenden Gewässern mit einer Fläche von mehr als 5 ha dürfen in einem Abstand von 50 m, gerechnet von der Uferlinie, bauliche Anlagen nicht errichtet werden (§ 57). Verboten sind Eingriffe in Röhricht- und Schilfbestände zwischen März und September (§ 64).

Rheinland-Pfalz § 2 gleichlautend mit Nordrhein-Westfalen. Die Entwässerung von Feuchtgebieten gilt als Eingriff (§ 4). Das Beseitigen von Röhricht- und Schilfbeständen ist verboten (§ 24).

Saarland § 2 gleichlautend mit Nordrhein-Westfalen. Als Eingriffe gelten Vorhaben und Maßnahmen in Naß- und Feuchtgebieten wie Moore, Sümpfe, Tümpel, Brüche, Auen, Streuwiesen oder Riede, ebenso in Ufervegetation und Röhrichtbeständen der Gewässer (§ 10). Schilfbestände dürfen zwischen 15. Februar und 30. September nicht abgebrannt oder gerodet werden (§ 26).

Schleswig-Holstein § 2 gleichlautend mit Nordrhein-Westfalen. Als Eingriffe sieht das Gesetz Ausbau und Benutzung von Gewässern, die den Wasserstand oder den Wasserabfluß verändern, die Entwässerung von Mooren, Sümpfen, Brüchen und sonstigen Feuchtgebieten sowie die Beseitigung von Ufervegetation (§ 7). „Eingriffe in Moore, Sümpfe, Brüche (…) sind unzulässig." Die Ufervegetation von stehenden Gewässern darf nicht beseitigt, abgebrannt oder beschädigt werden (§§ 11 und 24).

Zusammenarbeit mit Behörden

Dies alles klingt nach trockenem Juristendeutsch – doch man muß die entscheidenden Paragraphen kennen, will man gegen unerlaubte Eingriffe an Kleingewässern vorgehen. Im Konfliktfall sollte man die örtliche Polizei, die Naturschutzbehörde und/oder das Ordnungsamt verständigen. Ein offenes Ohr findet man vielfach auch bei den Forstämtern, die in einigen Bundesländern per Gesetz mit der „Landschaftswacht" betraut sind. Dabei erscheint es immer besser, sich nicht auf ein Amt allein zu verlassen, sondern gleich 2 unterschiedliche Stellen einzuschalten. In vielen Fällen kann aber auch schon ein freundliches und höfliches Gespräch mit dem Landwirt, der das Schilf abbrennt oder die Erde in den Teich kippt, die Sache stoppen.

Ausweisen von Schutzgebieten

Um das langfristige Erhalten eines Kleingewässers zu erreichen, wird dessen Ausweisung als Schutzgebiet die beste Möglichkeit sein. Dabei kommen 3 unterschiedliche rechtliche Formen in Frage.

Schutzgebiete

Naturschutzgebiete genießen den strengsten Schutz, indem (zumindest in der Theorie) sämtliche schädlichen Veränderungen unterbunden werden. Die Einzelheiten sind in einer Schutzverordnung geregelt, die der für den Naturschutz zuständige Minister des Landes erläßt. Notwendig zur Ausweisung eines Naturschutzgebietes ist allerdings das Vorhandensein eines seltenen Lebensraumes oder seltener Tier- und Pflanzenarten auf einer in der Regel zumindest mehrere Hektar großen Fläche. Naturschutzgebiete müssen bei der oberen Naturschutzbehörde (auf der Ebene des Regierungspräsidenten) beantragt werden.

Naturdenkmäler sind „Einzelschöpfungen der Natur", traditionell also alte Bäume, Alleen, geologische Aufschlüsse und Höhlen zum Beispiel. Daneben hat sich der Begriff der „flächenhaften Naturdenkmäler" eingebürgert, der auch den Schutz von Teichen, kleinen Mooren, Weihern usw. ermöglicht. Ihre maximale Größe liegt bei etwa 5 ha, die Abgrenzung zu den beiden anderen Schutzgebietskategorien wird aber sehr unterschiedlich gehandhabt. Die Ausweisung von Naturdenkmälern beantragt man bei der Unteren Naturschutzbehörde der Kreise bzw. der kreisfreien Städte.

Geschützte Landschaftsbestandteile betreffen landschaftsgliedernde und auch das Ortsbild belebende Elemente – also auch Kleingewässer. Der Vorteil dieser ebenfalls in die Zuständigkeit der unteren Naturschutzbehörde fallenden Schutz-

Das grün-weiße Dreiecksschild mit der Aufschrift „Naturschutzgebiet" bedeutet: Ab hier darf niemand die Wege verlassen, um seltene Lebensgemeinschaften nicht zu stören.

kategorie: Mit Hilfe einer einzigen Verordnung läßt sich eine ganze Reihe verschiedener schutzwürdiger Landschaftsteile innerhalb einer Gemarkung ausweisen.

Pacht, Kauf, Tausch

Als weitere Möglichkeit bleibt das Anpachten von Kleingewässern durch Naturschutzverbände oder der Ankauf solcher Flächen durch die öffentliche Hand, die dann einem örtlichen Verein zu einem symbolischen Zins wieder die Pacht anbieten kann. Vielfach ist auch ein Tausch von Flächen zwischen Privateigentümern und kommunalen Einrichtungen ein praktikabler Weg.

Welche Möglichkeit des Schutzes man auch wählt – das Wichtigste, was man zum Kleingewässerschutz mitbringen muß, ist Geduld: Meist vergehen Jahre, bis die entsprechenden Statuten geschrieben sind.

Schutzstreifen

Viele Gebiete werden bei Schutzgebietsausweisungen und auch bei Flächenkäufen zu klein abgegrenzt. Jedes auch noch so kleine Gewässer muß von einem möglichst breiten ebenso ungenutzten oder nur extensiv bewirtschafteten Schutzstreifen umgeben sein. Er dient als Pufferzone, die schädliche Einflüsse von außen abfangen kann, wie zum Beispiel die mit Wind und Wasser abdriftenden Düngemittel und Agrochemikalien, Lärm- und Schadstoffemissionen des Verkehrs und der Industrie und Störungen durch menschliche Anwesenheit, auf die besonders die Vögel empfindlich reagieren.

Die Breite einer solchen Pufferzone richtet sich vor allem nach der Größe des Gewässers und der Intention des Schutzes; anzustreben ist immer das maximal Mögliche. Wenn im Winter ein Bauer 5 m neben einem Teich auf seinem Acker Gülle ausfährt und dadurch das Gewässer zu einem stinkenden Dreckloch wird, in dem nur noch wenige Tierarten existieren können, dann wird spätestens deutlich, daß der Schutzstreifen zu schmal ist.

Die Wasserqualität optimieren

Grüne Algenwatten, die auf Kleingewässern treiben, zeigen unmißverständlich an, daß das Wasser mit Nährstoffen überversorgt, sprich eutrophiert ist. Dieses Zuviel kann schon allein durch den herbstlichen Laubfall und die anschließende Zersetzung des organischen Materials begründet sein. In vielen Fällen kommt jedoch als gravierender Faktor die Einschwemmung von Nährstoffen von außen hinzu: entweder von den umgebenden landwirtschaftlichen Nutzflächen oder über die Fracht in Fließgewässern, die wiederum aus Abwässern und aus der Landwirtschaft herrührt.

Gegen den Nähr- und zugleich Schadstoffeintrag von den umgebenden Feldern und Wiesen hilft der bereits erwähnte Schutzstreifen, der jedes Gewässer als ungenutzte, je nach Gegebenheit mindestens 10 bis 50 m breite Zone umgeben sollte. Erdaushub als Abgrenzung zur landwirtschaftlichen Nutzfläche hin zu einem kleinen Wall aufzuschütten, ist sinnvoll.

Die Nähr- und Schadstoffmengen in Fließgewässern, die wieder Kleingewässer speisen, zu minimieren, gestaltet sich erheblich schwieriger. Wichtige Forderungen, deren Durchsetzung die Wasserqualität verbessern helfen können, sind die Ausgrenzung eines ungenutzten, beiderseitigen Schutzstreifens entlang der Fließgewässer, die Kontrolle von Abwassereinleitungen und eine bessere Klärung der Abwässer.

Wenngleich keine regelmäßigen Eingriffe notwendig sind, bedürfen Kleingewässer doch ab und zu einer schonenden Pflege, um in ihrem Zustand erhalten zu bleiben. Dies gilt vor allem für Naturschutzteiche, je nachdem, welchen vorrangigen Zweck sie erfüllen.

Pflegemaßnahmen und Entrümpelungsaktionen

Die Verlandung aufhalten

Das Kernproblem ist dabei die Verlandung flacher Gewässer, also das Zuwachsen durch Röhrichtpflanzen, allen voran durch das Schilf. Die Verlandung schreitet bei großem Nährstoffreichtum, ausgedehnten Flachwasserbereichen und einem schwankenden Wasserstand besonders rasch fort. Spätestens wenn keine freie Wasserfläche mehr vorhanden ist, die das eigentliche Lebensmedium der meisten Kleinge-

wässerarten darstellt, wird ein Eingriff nötig: Relativ aufwendig erscheint ein maschinelles Räumen des Teichgrundes – bei kleinen Flächen auch von Hand. Mehr Erfolg verspricht regelmäßiges Mähen der Pflanzen möglichst unter der Wasserlinie. Dies erlaubt zugleich eine abwechslungsreiche Gestaltung der Uferlinie, indem man zahlreiche Buchten und aus Röhrichtpflanzen gebildete Halbinseln schafft sowie durch Schneisen ausgedehnte Schilfbereiche auflockert.

Das Schilf läßt sich am besten etwas zurückdrängen, wenn man den Wasserstand vor Einbruch des Winters absenkt, dann die Pflanzen möglichst tief über dem Boden – am besten funktioniert das vom Eis aus – abmäht und anschließend den Wasserstand so weit anhebt, daß die Wurzelstöcke ersticken.

Allerdings unterbindet man mit diesen Maßnahmen die natürliche Entwicklung, die in den meisten Fällen über die weitere Verlandung zur Bildung eines feuchten Bruchwaldes mit der Schwarzerle als vorherrschender Baumart führen würde. Dieser Lebensraum muß mindestens als ebenso gefährdet gelten wie die Kleingewässer und verdient eine stärkere Beachtung. Deshalb nicht alle Kleingewässer um jeden Preis offenhalten, sondern gerade dann, wenn in der unmittelbaren Umgebung weitere Feuchtgebiete mit ständig offenen Wasserflächen vorhanden sind, der Sukzession – der natürlichen Entwicklung der Pflanzendecke – freien Lauf lassen.

Das Pflanzenwachstum fördern

Umgekehrt kann natürlich auch eine Förderung des Röhrichtwachstums wünschenswert sein, wenn etwa ein kahler, vegetationsfreier Teich naturnah entwickelt werden soll: Dazu senkt man den Wasserstand im Sommer ab, so daß sich auf den nackten Schlammflächen Pflanzen – allen voran der Rohrkolben – von selbst ansiedeln können.

Ein Trockenfallenlassen des Teichbodens, wie es bei Fischteichen üblich ist, ist unter den Gesichtspunkten des Naturschutzes – wenn überhaupt – nur sehr selten anzuraten. Es bewirkt einen Düngungseffekt und damit eine Förderung des Pflanzenwachstums als Nahrungsgrundlage für viele Fische.

Dem Naturschutz dagegen kommt es weniger auf hohe Produktionsraten an, sondern auf eine optimale Eignung der Gewässer für viele Tierarten. Das Ablassen wirkt sich nämlich auf solche Spezies verheerend aus, die am Teichgrund leben

Seite 104:
Ein eutrophierter und stark verlandender Dorfteich, der dringend Hilfe benötigt: Der Eintrag von Nährstoffen ist zu stoppen, die Vegetation eventuell durch ein kurzzeitiges fast völliges Ablassen im Winter und ein Mähen zurückzudrängen.

und überwintern, unter anderem die Larven von Libellen. Daher ist ein Trockenlegen von Teichen nur im Abstand von 6 bis 8 Jahren zu empfehlen, um es nicht zu einer zu starken Faulschlammanreicherung kommen zu lassen.

Fischbesatz

Soll ein Teich als Nahrungsreservoir für fischfressende Vögel (Graureiher, Störche und andere) dienen, so erfordert dies einen Besatz mit Fischen und von Zeit zu Zeit eine Kontrolle ihrer Entwicklung. Der Teich sollte eine Mindestgröße von 0,5 ha (5 000 m^2) besitzen. Kleinere Gewässer sind besser für den Schutz von Amphibien und Wasserinsekten geeignet, die durch das Vorkommen von Fischen zumindest stark eingeschränkt, wenn nicht fast ganz unterdrückt werden. Lediglich Kleinfische wie Moderlieschen und Stichlinge können auch in kleinere Teiche eingesetzt werden. Ansonsten sind als Besatzfische für Nahrungsteiche vor allem Rotaugen, Rotfedern, Karauschen und Schleie geeignet.

Müll hat in Kleingewässern nichts zu suchen. Eine Entrümpelungsaktion ist in solchen Fällen angebracht.

Ebenfalls bei Fischteichen ist eine regelmäßige Kalkung üblich. Sie wird dann erforderlich, wenn der pH-Wert des Wassers infolge eines Zuflusses aus moorigem Gebiet oder aus Fichtenforsten auf unter 6,0 sinkt: Dann nämlich macht das saure Milieu den Fischen, die einen pH-Wert zwischen 6,5 und 8,5 bevorzugen, das Überleben schwer. Im Naturschutz allerdings wird eine Kalkung die Ausnahme bleiben: Saure, moorige Gewässer sollten als Lebensraum mit eigenem Arteninventar erhalten werden.

Das Wasser aus Fichtenbeständen allerdings kann bedenkenlos durch Kalkung verändert werden. Dazu darf aber nicht der in der Teichwirtschaft meist verwendete Branntkalk verstreut werden, denn er wirkt stark ätzend und tötet alles Leben ab. Die sinnvolle Alternative ist Hüttenkalk, der langsam wirkt und für die Organismen ungefährlich ist. Eine Düngung des Teichbodens ist niemals erforderlich.

Säuberungsmaßnahmen

Viele Kleingewässer sind zu Müllkippen verkommen. In den Augen mancher unnütze Ecken, dienen sie als Endstation für alles, was nicht mehr gebraucht wird, für Bauschutt und vieles mehr. Ein halbtägiger Einsatz mit ein paar tatkräftigen Helfern kann in den meisten Fällen den alten Zustand wiederherstellen. In der Lokalpresse kann eine solche Aktion ein guter Aufhänger für einen Artikel über die Bedeutung und den Schutz von Kleingewässern sein.

Zu trinken ist zwar auch für Kühe lebensnotwendig, doch sie zertreten dabei das gesamte Ufer. Besser ist es, ihnen – wenn überhaupt nötig – nur einen einzigen Zutritt zum Wasser abzuzäunen. Mit wenig Aufwand läßt sich so viel für die Natur erreichen.

Kleingewässer schützen und pflegen

Neue Teiche und Tümpel anlegen

Seite 109:
Gerade in der Agrarlandschaft erscheint die Neuanlage von Kleingewässern als eine vordringliche Aufgabe des Naturschutzes.

Kleingewässer neu anzulegen kann einen gewissen Ausgleich für die große Zahl der zerstörten Lebensräume schaffen. Besonders vordringlich sind dabei:
– oligotrophe, also nährstoffarme Gewässer,
– Tümpel, besonders in den Auen der großen Flüsse und unter periodischem Zufluß von Überschwemmungs- oder notfalls Dränagewasser,
– Teiche, vor allem in den Agrarlandschaften, in einem möglichst nährstoffarmem Zustand.

Größere Gewässer, die mit dem Grundwasser in Verbindung stehen, stellen eine ständige Gefährdung des unterirdischen (Trink-)Wassers durch Verschmutzung dar. Deshalb sollten bei Anschneiden des Grundwassers normalerweise nur Tümpel und Teiche in der Größenordnung von Amphibienlaichgewässern neu angelegt werden. Größere Gewässer entstehen im Zusammenhang mit Abgrabungen wie Steinbrüchen, Kies- und Tongruben und sollten bereits bei der Abbauplanung unter ökologischen Gesichtspunkten gestaltet werden. Niemand besitzt die Berechtigung, einfach irgendwo im Gelände ein Loch zu graben, um den bedrohten Kleingewässerorganismen zu helfen. Es gilt, eine ganze Reihe von Überlegungen und Planungen im Vorfeld anzustellen, um dann die eventuell erforderlichen Genehmigungen einzuholen.

Lage und Planung

Voller Euphorie haben schon manche „Kleingewässer-Bauherren" mehr Schaden als Nutzen angerichtet: Immer wieder kommt es vor, daß Teiche mitten in einer feuchen Orchideenwiese gegraben und die anfallenden Erdmassen fein säuberlich ringsum auf den Köpfen der seltenen Pflanzen verteilt werden. Auch botanisch und zoologisch wertvolle Trockenrasen, deren Lebensgemeinschaften – vielfach noch schutzwürdiger – völlig andere Ansprüche an ihre Umwelt stellen, mußten schon für einen Amphibienteich herhalten. Grundsätzlich muß die Erhaltung selten gewordener Lebensräume und Arten Vorrang haben vor jeglicher Neuanlage.

In feuchten Wiesen auf einem stauenden Untergrund lassen sich Kleingewässer am leichtesten anlegen. Zwar ist das Graben recht beschwerlich, doch das Wasser und damit der Erfolg stellt sich umgehend ein. Allerdings dürfen dadurch keine seltenen Pflanzenvorkommen zerstört werden.

Deshalb sollte man schon bei der Lagebestimmung eines geplanten Teiches oder Tümpels einen möglichst versierten Botaniker und Zoologen hinzuziehen. Er kann am besten Auskunft über das Vorkommen bedrohter Arten geben und so helfen, einen Standort zu finden, der unproblematisch ist.

Standort

Am leichtesten gestaltet sich die Teichanlage auf einem ohnehin nassen Untergrund mit wasserstauenden Bodenhorizonten. Eine mit dem Spaten gegrabene Mulde füllt sich hier meist schon innerhalb weniger Stunden mit Wasser. Wo großflächige monotone Seggen- oder Schilfbestände, in die keine seltenen Pflanzenarten eingestreut sind, auftreten, wird man kaum Schaden anrichten.

Reichen Grund- und / oder Niederschlagswasser nicht zur Speisung eines Naturschutzteiches aus, so kann man dazu ein kleines Fließgewässer anzapfen, jedoch auf keinen Fall in seiner Gesamtheit anstauen. Die ablaufende Wassermenge sollte so gering wie möglich sein. Es dürfen dem Teichbau keine erhaltenswerten Talauen mit seltenen Pflanzengesellschaften geopfert werden.

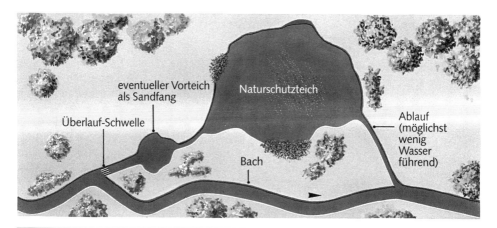

eventueller Vorteich als Sandfang

Naturschutzteich

Überlauf-Schwelle

Ablauf (möglichst wenig Wasser führend)

Bach

Dieser kleine, von Hand gegrabene Amphibienteich besitzt einen zweifelhaften Wert, da er inmitten eines kleinen Bruchwaldes liegt; dessen Pflanzengesellschaften sind sehr selten geworden. In aller Regel lassen sich weniger problematische Orte für die Teichanlage finden.

Auf diese Weise lassen sich mögliche negative Auswirkungen auf die sensiblen Bach-Lebensgemeinschaften von vorneherein ausschließen.

Ein Fließgewässer sollte man zur Teichanlage generell nicht in seiner Gesamtheit aufstauen. Dies bringt die oft wiederkehrende Gefahr der Überschwemmung, eine rasche Verlandung, das Eindringen der oft unerwünschten laichfressenden Fische und vor allem eine Erwärmung des Wassers mit negativen Folgen für die Fließgewässerfauna (z. B. Libellenlarven) im unterhalb liegenden Bachabschnitt mit sich. Möglich ist dagegen eine Anbindung an einen benachbarten Bach, indem man einen Teil des Wassers abzweigt (s. Abb. Seite 110). Der Ablauf muß so gering wie möglich gehalten werden, der Zulauf sollte nur das verdunstende Wasser ersetzen.

Genehmigungen

Ist nun ein Standort auserkoren, so muß Kontakt mit dem Eigentümer der Fläche aufgenommen werden; Auskunft über die Besitzverhältnisse erteilt das örtliche Katasteramt. Am einfachsten gestaltet sich die Teichanlage auf öffentlichem Grund und Boden. Bei Privatflächen, die nicht mehr genutzt werden, ist oft ein Anpachten zum Beispiel durch örtliche Naturschutzgruppen möglich.

Nach Klären dieser Voraussetzungen steht die Frage im Raum, ob und welche Genehmigungen erforderlich sind. Darauf läßt sich keine allgemeingültige Antwort geben, da die einzelnen Bundesländer unterschiedliche Regelungen vorsehen. Unproblematisch bleibt in den meisten Fällen die Anlage eines Gartenteiches, auf die später noch eingegangen wird.

In der freien Landschaft stellt dagegen der Bau eines Teiches oder Tümpels nach § 8 des Bundesnaturschutzgesetzes und entsprechender Paragraphen in den Landesgesetzen einen Eingriff in den Naturhaushalt dar. Das bedeutet, daß die Untere Naturschutz- bzw. Landschaftspflegebehörde und die Untere Wasserbehörde – beide sind bei der Verwaltung des Landkreises bzw. der kreisfreien Stadt angesiedelt – angesprochen werden müssen. Sie können Auskunft geben, ob eine einfache wasserrechtliche Genehmigung und das Einverständnis der Naturschutzbehörde ausreichen oder ob ein Planfeststellungsverfahren durchgeführt werden muß.

Ein solches Verfahren, in dem alle Träger öffentlicher Belange (Institutionen, die öffentlichkeitsbezogenen Aufgaben nachgehen, also Behörden, Ämter, Versorgungsunternehmen und

Der Bau von neuen Fischteichen unter dem Mäntelchen des Naturschutzes muß strikt abgelehnt werden: Sie stellen einen starken Eingriff in Tallandschaften dar und erweisen dem Schutz der Natur somit einen Bärendienst.

in umweltrelevanten Fragen auch die Naturschutzverbände) beteiligt und um Stellungnahme gebeten werden, kann allerdings nicht von Privatleuten oder Vereinen betrieben werden. Es muß im Falle einer Teichanlage von der jeweiligen Gemeinde (oder dem Landkreis) beantragt werden und kostet in jedem Fall viel Arbeit und Zeitaufwand. Ob ein Planfeststellungsverfahren als notwendig erachtet wird, steht in gewissem Rahmen im Ermessen der Behörden.

Eine einfache Genehmigung durch die Wasser- und Naturschutzbehörde des Kreises bzw. der kreisfreien Stadt reicht in aller Regel aus, wenn man gewisse Flächengrößen und/oder Tiefen nicht überschreitet, die in den Landesnaturschutzgesetzen allgemein für Abgrabungen und Aufschüttungen genannt sind:

- Baden-Württemberg: 100 m^2 (§ 13)
- Berlin: 30 m^2 oder 2 m Tiefe (§ 14)
- Hamburg: 400 m^2 oder 2 m Tiefe auf 30 m^2 Fläche (§ 9)
- Hessen: 500 m^2 (§ 5)
- Niedersachsen: 30 m^2 (§ 17)
- Rheinland-Pfalz: 400 m^2 oder 1 m Tiefe (§ 4)
- Saarland: 50 m^2 (§ 10)
- Schleswig-Holstein: 1 000 m^2 oder 3 m Tiefe auf 30 m^2 (§ 13)

Für Bayern, Bremen und Nordrhein-Westfalen nennen die Gesetze keine Richtwerte.

Je ausführlicher die geplante Maßnahme in Text, Zeichnungen und eventuell auch Fotos im Antrag an die Behörde dargestellt wird, desto einfacher und schneller wird in aller Regel die Genehmigung erteilt. Zu beachten gilt, daß für das Anzapfen von Fließgewässern grundsätzlich eine wasserrechtliche Erlaubnis erforderlich ist.

Anlage und Gestaltung

Abdichtung des Untergrundes

Problem Nr. 1 bei der Neuanlage von Teichen und Tümpeln ist meist die Frage der Abdichtung des Untergrundes. Industrie und Gartenartikelfirmen preisen ihre Kunststofffolien an, doch darauf sollte man in der freien Landschaft möglichst verzichten. Langlebige Kunststoffe, die als Erdölprodukte bei der Herstellung und bei ihrer teils Jahrhunderte dauernden Zersetzung die Umwelt stark belasten, gibt es schon mehr als genug.

Tonige, wasserstauende Horizonte im Untergrund bieten die einfachste Möglichkeit, weil sie das Wasser ohne weitere

Arbeiten und Investitionen halten. Dabei sollte man aber vor Beginn der Bauarbeiten eine Probegrabung durchführen bzw. einen Bohrstock für Bodenuntersuchungen einschlagen und den Tongehalt per Fingerprobe untersuchen, um später nicht aus Versehen die tonige Schicht zu durchstoßen. Je toniger ein Boden ist, desto besser lassen sich daraus zwischen den Fingern dünne Röllchen formen.

Fehlt ein stauender Horizont, so kann der geplante Teich oder Tümpel auch mit Hilfe herantransportierten Tons abgedichtet werden, indem man den Ton in einer rund 30 cm dicken Schicht feststampft – eine Methode, die nur bei kleineren Gewässern durchführbar ist. Vom teilweise empfohlenen Beton ist als ein naturferner Baustoff abzuraten; nicht zuletzt auch deshalb, weil er durch Frost schnell zerplatzt.

Bach- und Flußtäler bieten mit ihren meist tonigen Ablagerungen, den noch nicht überall künstlich unterbundenen periodischen Überschwemmungen bei Hochwasser, dem oft vorhandenen Stau- und oberflächennahen Grundwasser in der Regel sehr gute Möglichkeiten, ohne weitere Baustoffe neue Teiche und Tümpel anzulegen. Auf das Anzapfen von Fließgewässern zur Wasserspeisung wird man deshalb in den allermeisten Fällen verzichten können.

Größe

Die Größe neuer Kleingewässer sollte sich vor allem nach den Möglichkeiten im konkreten Einzelfall richten. Obwohl im allgemeinen bei Teichen eine Mindestgröße von 50 m^2 empfohlen wird, besitzen auch kleinere Teiche und genauso austrocknende Tümpel für den Naturschutz einen nicht minder hohen Wert. Die Frage ist, welche Ziele die Gewässer erfüllen sollen: Für den Schutz von Kreuzkröten genügen wenige Wochen wasserführende, keine 10 cm tiefen Tümpel, während Kleingewässer mit der Zweckbestimmung des Schutzes von Wasservögeln einige 100 m^2 bis viele Hektar Fläche aufweisen müssen. Man muß sich darüber im klaren sein, daß ein großer Teich vielen an bestimmte Verhältnisse angepaßten Tieren und Pflanzen einen Tümpel nicht ersetzen kann, sondern daß unterschiedliche Gewässertypen auch verschiedenen und keineswegs allen an Kleingewässern lebenden Arten helfen können.

Grabarbeiten

Am wenigsten „Flurschaden" richtet an, wer Tümpel und Teiche mit Hilfe von Spaten und Hacke anlegt. Das gilt vor

Ungenutzte Fischteiche können zu wertvollen Lebensräumen werden: Durch Absenken des Wasserstands entstehen Flachwasserzonen, die Bildung eines Röhrichtgürtels wird gefördert.

allem in Feuchtwiesen, in denen sich Bagger und Raupen wegen des sumpfigen Untergrunds nur unter großen Schwierigkeiten einsetzen lassen. Sollte auf Maschinen nicht verzichtet werden können, wartet man am besten die Zeit der Winterfröste ab, wenn der Boden tief gefroren ist.

Der anfallende Erdaushub sollte möglichst abtransportiert werden. Würde er im meist feuchten Umfeld des Teiches verteilt, so bewirkte er durch die Aufhöhung ein stärkeres Austrocknen der umgebenden Flächen, und gerade das steht ja den Interessen des Naturschutzes entgegen. Dies ist ein häufiger Fehler, der bei der Neuanlage von Kleingewässern begangen wird und so die Feuchtwiesenflächen weiter dezimiert. Man sollte den Teich lieber etwas kleiner dimensionieren und statt dessen etwas längere Wege in Kauf nehmen, um den Erdaushub mit Hilfe einer Schubkarre – eventuell über Bohlen – aus dem Gebiet herauszuschaffen. Eine sinnvolle Verwendung kann sich am Rande wertvoller Feuchtgebiete ergeben, indem das Material hier zu einem kleinen Wall aufgeschüttet wird und so hilft, die Einschwemmung von Düngemitteln aus den oberhalb liegenden Feldern und Wiesen zu verringern.

Anlage und Gestaltung

Mehrere kleine Teiche sind oft besser

Dem Amphibienschutz als häufigem Hauptmotiv der Neuanlage von Kleingewässern wird mit mehreren kleinen Teichen und Tümpeln besser geholfen als mit einer einzigen großen Wasserfläche. Optimal wären Komplexe von jeweils 4 bis 6 Kleingewässern in nicht zu enger Nachbarschaft, die vom nächsten ähnlichen Komplex maximal 2 bis 3 km entfernt sind. Für andere Tiergruppen sind solche Fragen eines räumlichen Verbunds gleichartiger Lebensräume noch weniger gut untersucht.

Tiefe und Ufergestaltung

Auch die Tiefe neu angelegter Kleingewässer richtet sich nach den örtlichen Gegebenheiten. Sollen Amphibien und andere Tiere frostsicher überwintern können, so darf eine Wassertiefe von etwa 1 m nicht unterschritten werden. Diese Tiefenzone, die auch recht klein sein darf, ermöglicht es den Wassertieren gleichzeitig, bei Störungen zu flüchten.

Noch viel wichtiger ist aber eine flache Ausgestaltung des größten Teils der Ufer, um ausgedehnte Flachwasserzonen mit Wassertiefen von wenigen Millimetern bis zu einigen Zentimetern zu schaffen. Hier erwärmen die Sonnenstrahlen das Wasser schon im zeitigen Frühjahr so stark, daß sich zum Beispiel die Kaulquappen der Amphibien und die Algen als deren wichtigste Nahrungsquelle viel schneller und besser entwickeln können.

Die Grenzlinie zwischen Land und Wasser sollte mit vielen Buchten so lang und vielgestaltig wie möglich sein. Gerade und eckige Formen, wie sie Fischteiche und die meisten anderen künstlichen Gewässer bieten, sollte man unter allen Umständen vermeiden. Kleine Inseln können die Uferlänge vergrößern helfen und bieten zugleich bei größeren Teichen auch störungsempfindlicheren Tieren wie Vögeln bessere Lebensmöglichkeiten.

Schutzstreifen um das Gewässer

Alle Kleingewässer sollten von einem möglichst breiten, ungenutzten Uferstreifen umgeben sein, der schädliche Einflüsse von außen – Einschwemmung von Düngemitteln oder Pestiziden, vorbeiführende Straßen, menschliche Störungen usw. – abschirmen kann. Als Minimum sind bei den kleinsten Gewässern 10 m Breite zu fordern. Am breitesten muß der ungenutzte Bereich für Wasservögel sein, die eine Fluchtdistanz von oft 200 bis 300 m haben. Nähert sich ein Mensch auf diese Entfernung, so fliegen sie auf und sind gestört. Fehlt eine solche schützende Uferzone, so reduziert sich die für die Vögel wirklich ungestört nutz- und bewohnbare Nettofläche erheblich: Nimmt man eine theoretische Fluchtdistanz von nur 100 m an, so steht den Vögeln eines 20 ha großen Gewässers nur eine Nettofläche von 6 ha (30 %) zur Verfügung. Bei einem 100 ha großen Gewässer sind es mit 64 ha immerhin schon relativ viel mehr. Positiv wirkt sich immer auch die Nähe von wertvollen Landschaftselementen wie Hecken und Feldgehölzen, Waldrändern, Bach- und Flußläufen oder Brachflächen aus. Ein isoliert in der „Agrarsteppe" liegender Teich, der nur von intensiv genutzten Ackerflächen umgeben ist, wird zwar auch seinen Wert besitzen, aber kaum seltenen Arten als Lebensraum dienen können. Daher gilt es, auch auf die Gestaltung der Landschaft ringsum Einfluß zu nehmen.

Pflanzen und Tiere ansiedeln?

Es erstaunt immer wieder, wenn wenige Stunden nach Fertigstellung eines neuen Teiches schon die ersten Libellen am Ufer umherfliegen und wenn bald darauf die Wasserläufer und Schwimmkäfer auftauchen. Dies sind flugfähige Arten, die auf der Suche nach geeigneten Lebensräumen oft große Entfernungen überwinden. Sie beweisen, daß die Natur bei der Besiedlung neu entstandener Lebensräume auf menschliche Hilfe verzichten kann.

In der freien Landschaft sollte man es denn auch bei der Ausgestaltung eines möglichst vielfältig modellierten Teichprofils mit Flachufern, Buchten und einer Tiefenzone bewenden lassen, denn dies sind die Voraussetzungen für eine mannigfaltige Besiedlung durch Pflanzen und Tiere. Finden sie zusagende Lebensbedingungen, so werden sie sich innerhalb weniger Jahre ganz von selbst einstellen. Die Entwicklung der Vegetation und die Ansiedlung von Tieren ist ein interessantes Beobachtungsobjekt. Pflanzensamen werden durch den Wind, aber auch durch die Wasservögel verfrachtet. Dies gilt ebenfalls für viele Tiere, die sich nicht aktiv in neue Lebensräume bewegen.

Anpflanzungen verschaffen wenigen Pflanzenarten einen enormen Konkurrenzvorteil. Sie können mehrere Jahrzehnte lang das Aufkommen der am Standort eigentlich besser angepaßten und von Natur aus vorkommenden Vegetation verhindern und sind aus diesen Gründen abzulehnen.

Unter den Kleingewässern finden sich einige Sonderformen, die eine getrennte Betrachtung verdienen.

Wagenspuren

Wassergefüllte Wagenspuren bilden sich unter den Reifen schwerer Forstfahrzeuge auf wenig benutzten Waldwegen durch Bodenverdichtung, sie stellen vielerorts die wichtigsten Laichbiotope der Molche dar. Im Zuge der dauerhaften Befestigung des Waldwegenetzes sind auch sie vom Aussterben betroffen.

Auf tonigen Böden können die Forstmaschinen natürlich auch gezielt ohne großen Aufwand verdichtete Spuren anlegen und so für viele Tümpelorganismen neue Lebensmöglichkeiten schaffen, die zumindest einige Jahre lang bestehen werden. Diese Kleingewässer müssen gezielte Teichanlagen innerhalb des Waldes ergänzen.

Wagenspuren auf selten genutzten Waldwegen sind zum Beispiel für Molche wichtige Laichbiotope. Sie zu erhalten und neu zu schaffen muß ein vordringliches Ziel der Forstämter sein.

Rechts:
Gräben lassen sich durch Einbau von Sohlschwellen, Abflachen der Ufer, Verbreitern und Abtrennen eines ungenutzten Uferstreifens zu wertvollen Lebensräumen umgestalten.

Teichgräben

So negativ sich Entwässerungsgräben aus der Sicht des Naturschutzes auswirken, indem sie feuchte Geländeparzellen entwässern und so eine ertragreichere landwirtschaftliche Nutzung ermöglichen, können sie dennoch gleichzeitig einen wichtigen Lebensraum für Kleingewässerorganismen darstellen. Sicher ist die Neuanlage von Gräben ökologisch kaum zu vertreten, zumal inzwischen in den meisten Bundesländern finanzielle Mittel zur Unterstützung einer extensiven Nutzung der betreffenden Grenzertragsflächen zur Verfügung stehen. Die bestehenden Grabenparzellen hingegen lassen sich allerdings durch eine gezielte Umgestaltung in ihren Auswirkungen mildern und im Sinne des Kleingewässerschutzes gestalten, und zwar durch folgende Maßnahmen:

– Herausnehmen von naturfremden Sohlbefestigungen,
– Abgrenzen eines möglichst breiten, ungenutzten Pufferstreifens beiderseits des Grabens,
– stellenweises Verbreitern auf 1 bis 2 m unter Gestaltung einer vielfältigen Uferlinie, Schaffen von Flachwasserzonen, Einbau von Sohlschwellen, um das Gefälle zu reduzieren und um tiefere Wasserzonen bzw. eine möglichst lange Wasserführung auch in Trockenzeiten zu bewirken,
– stellenweise Bepflanzung mit Gehölzen, um eine Beschattung zu erreichen und so zu starkes Verkrauten zu verhindern.

Man spricht hier von sogenannten Teichgräben, die aus der Verbreiterung von Gräben hervorgehen. Solche Maßnahmen bieten sich besonders in den Seemarschen Schleswig-Holsteins und Niedersachsens sowie in den großen Niederungsgebieten an.

Ein Teich im eigenen Garten

Im eigenen Garten, den in den meisten Fällen Siedlungen und Straßen umgeben, liegen die Verhältnisse etwas anders. Auch hier kann ein neu angelegter Teich einen Beitrag zum Naturschutz und zum Naturerleben leisten.

Abdichtung des Untergrundes

Stauende Bodenhorizonte fehlen in aller Regel, so daß zur Abdichtung des Untergrunds das Einbringen einer festgestampften Tonschicht von mindestens 30 cm Mächtigkeit, von verklebten Bitumen-Teichbahnen oder einer Teichfolie aus Kunststoff notwendig ist.

Eine solche Folie sollte mindestens 0,5 mm, besser aber 0,8 bis 1,0 mm stark sein. Deren notwendige Größe läßt sich ermitteln, indem man zur Länge des geplanten Teiches die doppelte Tiefe hinzuaddiert, um so die Länge bzw. Breite zu erhalten. Die Folie wird entweder komplett oder aber in Bahnen geliefert, die man mit Hilfe von Quellschweißmittel selbst zusammenkleben kann. Dies geschieht nicht in der Teichmulde, sondern zuvor auf einer ebenen, sauberen Fläche. Unter der Folie wird zum Schutz vor spitzen Steinen, Wurzeln u. ä. eine 5 bis 10 cm dicke Sandschicht verteilt. Am Rand wird die Folie nach außen umgeschlagen und mit Erde bedeckt.

Abstufung der Teichwand

Auf der glatten Folie rutscht bei einem zu steilen Profil einge-füllter Boden oder Sand nach unten ab. Muldenartige Abstu-fungen können das Material vor zu starkem Abrutschen bewahren und zugleich auch etwas tiefer wurzelnden Pflan-zen Existenzmöglichkeiten bieten. Keinen Humus verwen-den, da dieser zu einer Eutrophierung und so zu einer explo-sionsartigen Vermehrung von Algen führt.

Seite 120 (links):
Ein feines Modellieren des Untergrundes ist die wichtigste Vorarbeit beim Bau eines Gartenteiches. Ein stufiges Profil verhindert später das Abrutschen des eingefüllten Bodens oder Sandes und ermöglicht auch Arten mit starkem Wurzelwachstum das Überleben.

Seite 120 (rechts):
Botanische Vielfalt in einem kleinen, zugewachsenen Gartenteich. Hier allerdings wurde durch Bepflanzung mit geeigneten Arten etwas nachgeholfen. Der Bezug von Pflanzen aus Gartenfachgeschäften sollte gegenüber dem Ausgraben in der Natur vorgezogen werden.

Genehmigung

Eine Genehmigung für die relativ kleinen Gartenteiche ist in aller Regel nicht erforderlich. In Zweifelsfällen erteilt die Stadt- bzw. Gemeindeverwaltung Auskunft über die jeweiligen Bestimmungen. Im übrigen gelten für die Gestaltung mit flachen Ufern und einer Tiefenzone von etwa 1 m (bei kleinen Gewässern genügen auch 50 cm) die oben bereits geschilderten Empfehlungen.

Pflanzen, Tiere

Wer es eilig hat, kann im Garten für eine Initialbepflanzung mit einheimischen Pflanzen sorgen. Bei der Auswahl wird der Artenteil in der Mitte dieses Buches helfen (s. Seite 48 und 53). Grundsätzlich sollten es aber nur Einzelexemplare sein, die sich bei zusagenden Lebensbedingungen innerhalb kürzester Zeit von selbst entsprechend ausbreiten werden. Wasserbewohnende Tiere lassen sich fördern, indem man am Anfang einen Eimer Teichwasser aus der näheren Umgebung mit einfüllt.

Wegen ihrer ausgeprägten Ortstreue unsinnig – und zudem gegen die Naturschutzgesetze verstoßend – wäre das Aussetzen von Amphibien. Ist die Umgebung nicht total von Straßen zerschnitten und von Häusern zugebaut, werden sich Amphibien im Laufe der Jahre wie viele andere Teichorganismen ganz von alleine einstellen. Geduld zahlt sich aus!

Fische haben zumindest in kleineren Gartenteichen nichts zu suchen. Sie fressen auf dem engen Raum Laich und Larven schnell vollständig auf. Als Ausnahme können Dreistachlige Stichlinge und Moderlieschen gelten.

Umfeld

Stimmen muß aber auch das Umfeld des Gartenteichs, das möglichst vielfältige, wenig genutzte Strukturen aufweisen sollte: eine Blumenwiese anstelle eines monotonen Friedhofsrasens, Hecken und einheimische Gehölze, Steinhaufen, morsche Äste, Baumstrünke und ähnlichen Versteckmöglichkeiten für Tiere.

Anschriften

Teichfolien

Der Bezug von Teichfolien für den Bau von Gartenteichen ist – wie üblich ohne Anspruch auf Vollständigkeit – beispielsweise möglich bei folgenden Firmen:

Bio-Versand
Postfach 2
4401 Saerbeck

DBV-Versandservice
Achalmstraße 33
7014 Kornwestheim

re-natur
2355 Ruhwinkel-Wdf.

Sarna Kunststoff AG
Florastraße 58a
8000 München 82

Chemikalien zur Wasseruntersuchung

Die Aquamerck-Reagenzien sind erhältlich beim

Verband Deutscher Sportfischer (VDSF)
Verlags- und Vertriebs-GmbH
Bahnhofstraße 37
6050 Offenbach/M.

Naturschutzverbände

Nachfolgend genannte Verbände verfügen vielfach über aktive lokale Gruppen auf Orts- und Kreisebene. Deren Adressen können bei den Bundesverbänden nachgefragt werden.

Biologische
Schutzgemeinschaft
Hunte-Weser-Ems (BSH)
2906 Wardenburg

Bund für Umwelt und Naturschutz
Deutschland e.V. (BUND)
Im Rheingarten 7
5300 Bonn 3

Deutscher Bund für Vogelschutz/Deutscher Naturschutzverband (DBV)
Am Hofgarten 4
5300 Bonn 1

Deutscher Jugendbund für Naturbeobachtung (DJN)
Buchenstraße 18
2000 Hamburg 60

Seminare und Fortbildung

Kompakte Fortbildungsseminare bieten gute Möglichkeiten, sich intensiver mit ausgewählten Themen auch zu den Kleingewässern zu befassen. Seminare veranstalten neben den genannten Verbänden u.a. folgende Naturschutzzentren und Akademien, bei denen Jahresprogramme kostenlos zu beziehen sind:

Akademie für Naturschutz und Landschaftspflege
Postfach
8229 Laufen/Salzach

Naturschutzzentrum Hessen
Friedenstraße 38
6330 Wetzlar

Naturschutzzentrum
Nordrhein-Westfalen
Leibnitzstraße 10
4350 Recklinghausen

Norddeutsche
Naturschutzakademie
Hof Möhr
3043 Schneverdingen

Literatur

Aichele, D., Schwegler, H.-W.: Unsere Gräser. Franckh-Kosmos, Stuttgart 1969, 2. Aufl.

Aichele, D. & R., Schwegler, H.-W. & A.: Der Kosmos-Pflanzenführer. Franckh-Kosmos, Stuttgart 1978.

Arnold, E. N., Burton, J. A.: Pareys Reptilien- und Amphibienführer Europas. Verlag Paul Parey, Hamburg–Berlin 1979.

Bauer, W., Dister, E.: Fischteiche als Eingriffe in Tallandschaften. Vogel und Umwelt 1, 70–72, 1980.

Beck, C. H. (Hrsg.): Naturschutzrecht. Deutscher Taschenbuch Verlag, München 1982, 2. Aufl.

Blab, J.: Grundlagen des Biotopschutzes für Tiere. Kilda-Verlag, Greven 1984.

Blauscheck, R.: Amphibien und Reptilien Deutschlands. Landbuch-Verlag, Hannover 1985.

Chinery, M.: Insekten Mitteleuropas. Verlag Paul Parey, Hamburg–Berlin 1984, 3. Aufl.

Clausnitzer, H.-J.: Pflegemaßnahmen an künstlichen Teichen. Nachdruck aus: Ber. Dtsch. Sekt. IRV 18, 41–48, o. J.

Clausnitzer, H.-J.: Hilfsprogramme für gefährdete Libellen. Natur und Landschaft 55, (1), 12–15, 1980.

Clausnitzer, H.-J.: Der Einfluß unterschiedlicher Bewirtschaftungsmaßnahmen auf den Artenbestand eines Teiches. Natur und Landschaft 58, (4), 129–133, 1983.

Clausnitzer, H.-J.: Die Auswirkungen sommerlicher Austrocknung auf Flora und Fauna eines Teiches. Natur und Landschaft 60, (11), 448–451, 1985.

Deutscher Bund für Vogelschutz Rheinland-Pfalz (Hrsg): Amphibienschutz – Gräben, Tümpel und Teiche. Selbstverlag, Montabaur 1983.

Dreyer, W.: Die Libellen. Verlag Gerstenberg, Hildesheim 1986.

Eberle, G.: Pflanzen unserer Feuchtgebiete und ihre Gefährdung. Verlag Waldemar Kramer, Frankfurt/M. 1979.

Ellenberg, H.: Vegetation Mitteleuropas mit den Alpen. Verlag Eugen Ulmer, Stuttgart 1982, 3. Aufl.

Engelhardt, W.: Was lebt in Tümpel, Bach und Weiher? Franckh-Kosmos, Stuttgart 1971, 5. Aufl.

Fitter, R., Fitter, A., Blamey, M.: Pareys Blumenbuch. Verlag Paul Parey, Hamburg–Berlin 1975.

Hehmann, F., Zucchi, H.: Fischteiche und Amphibien – eine Feldstudie. Natur und Landschaft 60 (10), 402–408, 1985.

Heinzel, H., Fitter, R., Parslow, U.: Pareys Vogelbuch. Verlag Paul Parey, Hamburg–Berlin 1972.

Helfrich, R., Bauschmann, G.: Vögel an Binnengewässern. Landbuch-Verlag, Hannover 1984.

Jedicke, E.: Den Lurchen auf die Sprünge helfen. Chancen 4, 90–97, 1987.

Jedicke, E.: Im Zeichen des Seeadlers (Schutzgebiets-Typen). Chancen 9, 30–31, 1987.

Juritza, G.: Unsere Libellen. Franckh-Kosmos, Stuttgart 1978.

Kabisch, K., Hemmerling, J.: Tümpel, Teiche und Weiher. Landbuch-Verlag, Hannover 1982.

Moser, A.: Expedition Frosch. Otto Maier Verlag, Ravensburg 1983.

Oberdorfer, E.: Pflanzensoziologische Exkursionsflora. Verlag Eugen Ulmer, Stuttgart 1983, 5. Aufl.

Pretscher, P.: Kleingewässer schützen und schaffen. AID, Selbstverlag, Bonn 1985, 2. Aufl.

Runge, F.: Die Pflanzengesellschaften Mitteleuropas. Aschendorffsche Verlagsbuchhandlung, Münster 1986, 8./9. Aufl.

Schmidt, E.: Ökosystem See. Verlag Quelle & Meyer, Heidelberg 1976, 3. Aufl.

Schmidt, G.W.: Fische in geschützten Gewässern? Natur und Landschaft 59, (12), 487–491, 1984.

Schnedler, W.: Hinweise zur Wiedergewinnung von Feucht- und Naßgebieten aus botanischer Sicht. Vogel und Umwelt 1, 255–260, 1981.

Schwoerbel, J.: Einführung in die Limnologie. Jena 1977.

Stobbe, H.: Bestimmungsschlüssel für die Libellen der Bundesrepublik Deutschland. Deutscher Jugendbund für Naturbeobachtung, Selbstverlag, Hamburg 1979.

Störkel, K.-U.: Naturschutz und Entwässerungsgräben – Anregungen und Tips. Vogel und Umwelt 4, (2), 117–120, 1986.

Streble, H., Krauter, D.: Das Leben im Wassertropfen. Franckh-Kosmos, Stuttgart 1978.

Stresemann, E.: Exkursionsfauna für die Gebiete der DDR und der BRD, Band 3: Wirbeltiere. VEB Volk und Wissen, Berlin 1983, 8. Aufl.

Stresemann, E.: Exkursionsfauna, Band 2/1 und 2/2: Wirbellose. VEB Volk und Wissen, Berlin 1984, 6. Aufl.

Thielcke, G., Herrn, C.-P., Hutter, C.-P., Schreiber, R.L.: Rettet die Frösche. Pro Natur, Stuttgart 1983.

Tscharntke, T.: Klärteiche – Feuchtgebiete in einer ausgeräumten Kulturlandschaft. Natur und Landschaft 58, (9), 333–337, 1983.

Westphal, U.: Tümpel – Lebensraum für Überlebenskünstler. Vogel und Umwelt 4, 111–116, 1986.

Wildermuth, H.: Natur als Aufgabe. Otto Maier Verlag, Ravensburg 1986.

Wildermuth, H.: Die Bedeutung anthropogener Kleingewässer für die Erhaltung der aquatischen Fauna. Natur und Landschaft 57, (9), 297–306, 1982.

Bildnachweis
Die Zeichnungen fertigte Fred Butzke, Balge, nach Vorlagen des Verfassers.
Sämtliche Farbfotos von Leonie und Eckhard Jedicke, Wettenberg.

Register

Seitenzahlen mit Sternchen *
verweisen auf Abbildungen.

Natur erleben, Natur verstehen, Natur schützen

Die neuen populären Naturführer:
im Mittelpunkt stehen Lebensgemeinschaften,
Zusammenhänge und Wechselwirkungen.

Eckart Pott
Wald
Pflanzen, Tiere, Biotope
ISBN 3-473-46094-X

Wälder sind nicht nur unsere „grüne Lunge"
und wichtige Erholungsräume. Dieser
Kompaktführer zeigt, welche Rolle der Wald als
bedeutendstes Ökosystem Mitteleuropas
im Naturhaushalt spielt, wie verschiedenartig
sein Aufbau und wie vielfältig sein Tier- und
Pflanzenleben sein können. Das Buch erklärt,
wie er entstanden ist und was der Mensch
aus ihm gemacht hat. Um die Zusammenhänge
zu verdeutlichen, werden Nahrungsketten
und Stoffkreisläufe für jeden verständlich
dargestellt.

Hier die gesamte Reihe:

Herbert Zucchi
Wiese
ISBN 3-473-46096-6

Andreas Schulze
Vögel
im Garten, Park und Wald
ISBN 3-473-46097-4

Armin Maywald/Bärbel Pott
Fledermäuse
Leben, Gefährdung, Schutz
ISBN 3-473-46098-2

Eckart Pott
Wald
Pflanzen, Tiere, Biotope
ISBN 3-473-46094-X

Eckhard Jedicke
Kleingewässer
Teiche, Tümpel, Weiher
ISBN 3-473-46095-8

Ravensburger Buchverlag Otto Maier GmbH

Von Ravensburger® gibt es:
Spiele, Kinder- und Jugendbücher, Puzzles, Hobby- und
Malprogramme, Sachbücher und Videoprogramme.

®